顾彼思商学院（GLOBIS）著

范丹 译

MBA
轻松读

市场营销

グロービスMBA集中講義［実況］マーケティング教室

北京时代华文书局

图书在版编目（CIP）数据

市场营销 / 顾彼思商学院著；范丹译 . -- 北京：北京时代华文书局，2016.10
（MBA 轻松读）
ISBN 978-7-5699-1197-8

Ⅰ . ①市… Ⅱ . ①顾… ②范… Ⅲ . ①市场营销学 Ⅳ . ① F713.50

中国版本图书馆 CIP 数据核字（2016）第 217796 号

北京市版权著作权合同登记号 字：01-2016-1473

MBA 轻松读：市场营销

MBA Qingsong Du Shichang Yingxiao

著　　者 | 顾彼思商学院
译　　者 | 范　丹

出 版 人 | 王训海
策划编辑 | 胡俊生
责任编辑 | 樊艳清　李唯靓
装帧设计 | 迟　稳　段文辉
责任印制 | 刘　银

出版发行 | 北京时代华文书局 http://www.bjsdsj.com.cn
北京市东城区安定门外大街 136 号皇城国际大厦 A 座 8 楼
邮编：100011　电话：010 - 64267955　64267677
印　　刷 | 河北鹏润印刷有限公司　0317 - 5196862
（如发现印装质量问题，请与印刷厂联系调换）
开　　本 | 880mm×1230mm　1/32　印　　张 | 7　字　　数 | 130 千字
版　　次 | 2017 年 6 月第 1 版　印　　次 | 2017 年 6 月第 1 次印刷
书　　号 | ISBN 978-7-5699-1197-8
定　　价 | 39. 80 元

前 言

■ 学习市场营销的理由

通过学习市场营销能掌握怎样的能力?

对于从无数相关书籍中挑选出本书的您来说，也许这是您最感兴趣的主题吧。

本书的读者可能包括身在职场从事市场营销工作的人，也包括刚步入社会的新人。当您看完本书时，必定能在现有熟练度的基础上了解市场营销的新的一面，并且能掌握在各种场合使用市场营销的思维方式。

本书的特点是在回答读者诸多疑问的同时让他们反思市场营销的必要性，从而掌握市场营销的特有思维方式。那么，现在提出第一个问题：市场营销究竟是什么呢？

所谓市场营销，通常定义为创造“让他人购买的机制”的活动。这里的活动是指企业所发起的营利活动，因此市场营销的前提就是有效利用预算、时间和劳动力等有限资源，创造“让他人持续购买的机制”。

仅从这一方面来看的话，也许有人会觉得这不过是由企业自身决定的东西，但市场营销是“让顾客购买的机制”，并非“以企为本的销售机制”。如果不能“满足顾客需求，提高顾客满意度”，那么市场营销就无法成立。

因此，在考虑市场营销时，思维的出发点不是企业方，而应当着眼于顾客方。如果弄错出发点的话，就容易进入“只要推出优秀的商品就一定能卖掉”的误区。

在您所处的职场中，是否有秉持“即使不做市场营销也能卖出商品”这种意见，或是坚持“传统的市场营销无法提高销量”这一主张的人呢？前者也许大多出现在以优秀的成绩获得升迁的营业部人员中，后者则多出现于在网络全盛时代中长大的年轻员工中。这两者都是典型的“市场营销无用论”，但我认为其中也包含了一部分真实，也是市场营销虚心进取时不可忽视的意见。

然而，“市场营销真的是多余的东西吗”？本书将针对这一与市场营销有关的根本性问题，深入探讨市场营销究竟有多大的必要性和发展可能，在与各位共同验证的过程中逐步揭示答案。

■ 从顾客的思维角度出发

在思考某个产品和服务的市场营销战略时，您是否想过“为什么这个产品需要进行市场营销”呢?

正如之前所述，市场营销的前提是有效利用预算、时间和劳动力等有限资源，创造“让他人持续购买的机制”。从这一点来考虑，如果当前状况良好，无需进行市场营销的话，也可以选择“不做市场营销”。

针对“是否需要市场营销”进行一番思考后，又会产生新的疑问。

比如“这种产品和服务究竟想卖给谁”，甚至进一步产生“顾客对本公司和产品有什么看法”这样的疑问。

先前说过，“市场营销的出发点在于顾客方”，这并不是什么难点，只要沿着“是否需要市场营销”进行思考，就能自然地以顾客视角来看待问题。

当我们从顾客角度来看待市场营销后，就会发现无论是产品还是服务其实都是市场营销的一部分。甚至连顾客对产品和服务的印象也算是市场营销的一部分。

从这种思维来考虑的话，就会得出“即使不做市场营销也能卖出商品”和“传统的市场营销无法提高销量”之外的第三种想法，也就是“提高顾客满意度就能畅销”这一新的思维方式。换言之，这会让我们发现，产品价值不是由企业而是由顾客决定的。

注意到这一点之后，我们就不得不考虑“希望让顾客对产品和服务产生怎样的印象”，从而进一步思索产品相关环境等一切因素。所谓市场营销，必然不能拘泥于俗套的框架中，而应当以“想给顾客怎样的印象和体验”这一目的为出发点，从顾客的思维和感情角度去检讨自我。

■ 从灵活的视角出发

市场营销需要灵活的思维和应对。其理由之一是因为在实际商业活动中经常会遇到出乎预料的事态。到那时，是应对改变计划还是以不变应万变，得以灵活应变的头脑做出决定。

如果必须变更计划，那么就必须做出灵活而有效的应对。即使是市场营销界的名人所指定的计划也不能保证拥有顺利推行。

最重要的是时时反思“为什么这个市场营销战略无法提升营业额”。与此同时，市场营销还必须意识到人心的变化与顾客的心理状态也是一门学问。

可以说这一点也是其他MBA科目与市场营销的不同之处。市场营销是从顾客视角出发发展而来的学问，因此本书也会与各位一起探寻市场营销是如何诞生，怎样发展及其出现的必然性，并在这一过程中思索市场营销的存在必要及其本质。

不过在阅读本书时，无需抱着“学习市场营销”的古板思维，尽量以轻松的心态来看待就好。

■ 本书的构成与其作用

在这里简单说明一下本书的构成。

首先，本书会在序言里简单解释市场营销的概略，与各位一起确认市场营销的环境与现今状况。具体而言，第1章的论点就是市场营销无需墨守成规，应当随机应变。

以此为基础，从市场营销1.0进阶到市场营销2.0。

近代市场营销的确立者菲利普·科特勒认为，市场营销1.0表现为“仅销售产品的市场营销”。简而言之就是产品中心主义，将工厂生产的大量产品销入市场的市场营销。通过大量生产同一型产品尽可能降低生产成本，从而降低价格，扩大市场并寻求占据市场的最大份额。这就是市场营销1.0的目的。

在第2章中会更为具体地说明市场营销1.0，所以这里先简单接触一下。

作为其中一个典型范例，亨利·福特所创立的福特汽车公司从1908年生产T型福特到1927年结束生产期间所采用的主要市场营销战略就是市场营销1.0。

简而言之，就是不断生产新车，生产后即刻投入销售的状况。在这种情况下，顾客不会对产品有过多需求，认为“汽车只要能开就行了”。

当然，这一时代的商业模式并非全都采用市场营销1.0。

福特汽车公司的初期战略不过是市场营销的初步和基础，也就是市场营销1.0的典型。通过观察T型福特汽车时代，我们可以思考市场营销是如何展开的，并发现此时的关键词是物力和物流等。

接着我们来了解一下2.0的时代。

科特勒认为，市场营销2.0表现为“以顾客为主题的市场营销”，将其代入现在我们最现实的市场营销就一目了然了。

它是使用S（segmentation分区）、T（targeting目标）、P（positioning状态）和4P（Marketing mix市场营销组合），合理地吸引顾客的市场营销。这一概念是随着近几十年信息技术的发达而成型的。

由于信息技术发达，我们逐渐开始能随时随地轻松比较相似产品和服务，而这进一步加剧了企业间的竞争。

换言之，市场营销2.0的萌芽始于同行业竞争与同类产品之间的比较。本书中市场营销2.0的范例采用了北美市场的本田与哈雷事例，从中探究其本质。

此外，提及市场营销时，多数人常常从进攻性视角去谈论它，但本书则增加了防守型视角的市场营销策略，对应其过程，尝试新的方法。

至于如今走在最前列的市场营销3.0，本书将使用最新事例进行充分解说。

■ 市场营销是反映时代的镜子

能够根据自己的喜好选择产品和服务的我们逐渐开始寻找趣味性更强的产品与服务。

市场营销2.0的作用是将市场分区化，针对特定目标提供比其他公司更好的产品。虽然这种以顾客为中心的方法在其他场合也很有效，但由于其前提是将顾客放在了被动位置，因此即使在功能性方面能满足顾客需求，却很难在感性层面让他们满意。而综合性弥补这种感性层面不足的新型尝试就是市场营销3.0。

这也是由于最近市场营销开始涉足认知行为科学和大脑科学领域，并且现阶段还在持续发展中。从这个意义上来说，如今我们所生活的这一时代也可称作是市场营销3.0的黎明期。

我认为这一事实非常有趣，并且能带来巨大的机会。我们何其有幸能赶上这个可能诞生无限可能性的时代。而正因为恰好处于新市场营销发展期，我们才更应当重新审视以往的市场营销，确立当前位置。

市场营销是反映时代的镜子。各位可以通过本书与我一起审视市场营销的必要性。

目　录

第1章

MBA的市场营销能告诉我们的事

1.思考市场营销的目的

■ 市场营销是“让他人购买的机制”

最近，市场营销的手法已经广泛普及到了我们身边。无论企业规模大小，大多数商人都开始以市场营销知识为前提来考虑商业行为了。

因为市场营销是创造“让他人购买的机制”，所以当面对“进行/不进行市场营销”这一论题时，结论应该是“当然要进行市场营销”。准确来说，市场营销所承担的责任就是“**创造出能产生有效且持续性销售和利润的状况**”。

此外，市场营销也可以说是“**将劳动力、时间和资金等有限资源发挥出最大效果的机制**”。遵循这一点的话，就能充分利用市场营销的功能，形成“排除不必要消耗获得利益”的完美状况。管理学大师彼得 · 德鲁克曾说过：“理想的市场营销是无需营业的”，可见市场营销的技巧对于经营效率有多么重要。

只是这种完美状况不太可能出现在现实中，所以实际上**大多数市场营销是在诸多错误中尝试，通过重复反馈来摸索最佳形态**。换言之，虽然市场营销的完美状况能实现最顶级的经营效率，但这只是理论上的，从一开始就不存在这种“完美答案”型市场营销。况且市场营销在经济环境中是时刻变化的，绝不可能保持不变。

因此在最近过于重视市场营销的风潮中，要避免陷入“只要进行市场营销就万事大吉”或“应当按部就班地进行市场营销”的误区。如果是多少对市场营销有所了解的人更应该注意。

“随时根据现实进化”的市场营销为什么会经常被误解为

“只要这么做就万事大吉”呢?

让我们来看看以MBA为首的商学院是如何理解近代市场营销之父菲利普·科特勒的观点，试着从这一视角来解释其原因吧。

对于市场营销而言，科特勒究竟是怎样的人物呢？本书在此对他进行大致介绍（有兴趣的读者可以参考他的著作）。他是美国营销学者，也是创立近代市场营销理论基础的第一人，著有《市场营销原理》（DIAMOND社）等多部著作，构筑了完成度极高的市场营销体系，因此被誉为“市场营销之父”，也是如今常常活跃于市场营销最前线的人。

然而，也许是由于该“市场营销原理”的完成度过高，虽然他的思维本身之后也在持续进化，但这方面未得到太多关注也是事实。反而是他以前出版的著作到如今还被许多人奉为“圣经”。

科特勒本身与“科特勒信徒”之间的隔阂可以用他在日本演讲会上发生的一个象征性小故事来证明。

在演讲会结束时，不少科特勒著作的读者拿着他的书请求签名。当时科特勒表示“我只给最新版签名”。言下之意就是即使同样的书名，由于市场营销是时时进化的，他的著作本身也会随着版本更替而进化，所以不想给记载旧思维的书签名。

正因为他是集近代市场营销之大成的“市场营销之父”，才会如此坦诚地面对市场营销的随时进化。

2.市场营销的发展史

既然市场营销是“不断进化的事物”，那么它究竟经历了怎样的变迁呢?

在此概述一下该“进化”的大致进程。

首先在世界还未形成一体的时代，市场营销并不是必要的。在那种状况下，当产品推出，并且它是必需品的话，就不难销售。只要处于尚未产生竞争的状态中，那么埋头生产，再将产品卖出就可以了。在这种状况下无需多做考虑，只要了解“能生产多少”“在哪出售商品”这些简单概念就足够。换言之，商人要做的不过是身体力行而已。这一水准被称作市场营销1.0。

图表1 ◆ 市场营销X.0是什么?

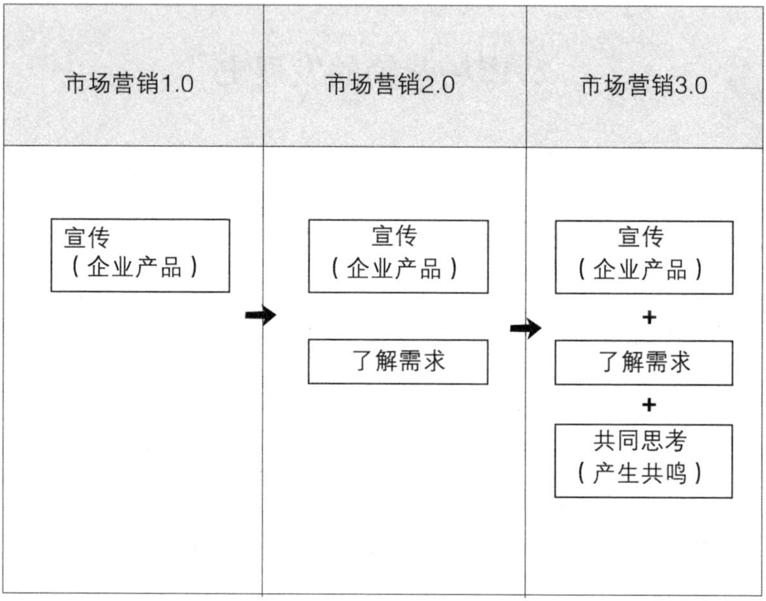

本书中所定义的市场营销1.0,2.0和3.0是为了更为简明易懂地解释复杂化的市场营销而做出的简单定义，1.0主要是由供给方单方面宣传，2.0要将需求方的实际需求反馈回去，3.0则是由供给方和需求方共同创造出具有新价值的产品。

但在商品过于充足的现在，任何产品都不可能生产出来就不愁销售。总会有类似产品或是替代品出现，在竞争中拉低价格，并且顾客需求也开始多样化。商人将面对各种障碍，因此之前的市场营销1.0，也就是只负责生产的思维模式很快就被市场淘汰了。

于是许多情况下，商品在推出市场之前会进行调查。也就是所谓的**3C分析（市场·顾客分析、内部环境分析、竞争分析）**。并且会反复思考S（segmentation细分）、T（targeting目标）、P（positioning定位）和4P（Marketing mix市场营销组合）这四点针对销售的策略后再投入市场。

当产品投入市场后，还会进行严密管理，让商品进入有空缺的市场。这也就是市场营销2.0，或者称其为目标市场营销。比如将顾客属性以性别划分，以地域划分，以年龄层划分等，使用各种方式方法寻找最适合的购买层，也可以说是理性且合理的方法论。

从无竞争的世界中以体力决定胜负的市场营销进化为以头脑决定胜负的市场营销。市场营销2.0就是科特勒从1970到1980年代的著作中所提出的理论。

而后，市场营销逐渐介入品牌认知和个人意识，从而发展到认知科学领域。这是市场营销2.0之后的世界，如今我们还在摸索其手法的途中。

Q&A

太过重视效率化会丢失顾客

——我们已经知道从历史来看，市场营销的主角从企业转移到了顾客上，那么有没有反其道而行之的例子呢?

最近的企业都将“市场营销的中心是顾客”当作理所当然的观点，这一倾向不会有太大改变。但经营方往往同时具有让营销更为效率化的期望，而这方面一旦过度的话，就有可能陷入失去顾客的困境。

比如航空公司将写有“作为削减成本的一环，不再提供机舱内服务”这行字的卡片放在乘客目所能及的地方。这一做法被媒体宣扬之后广为人知。

从经营方面来看，通过去掉顾客相关服务的成本来降低飞机航运费的这一战略绝不是错误决定。甚至能称之为极其巧妙的战略。因为如果它能切实地降低航空运费，给顾客提供价格福利的话，那么相关人员全都能够得益。

然而，更多的人指出质疑，是否有必要特意向顾客提出这种诉求呢？当明确提出“为了降低运费而不帮忙拿行李，没有对乘客使用礼貌用语的义务，不接受机内的一切投诉”的理由后，乘客不可能保持好心情。

这个例子显示，即使航空公司认为顾客就是“偏爱低价机票更胜于机内服务的人”，但在向他们传达时也必须多加考虑顾客的心情。

在市场营销中，我们必须了解像这样一味追求效率，对顾客的心情考虑不足，导致有可能失去顾客的事例。

3.产品分析：价值大致可分为两种

首先，产品的价值是指什么？我们将其分为两大类。

其一是“将不平稳的状态恢复正常状态（由负到零）”，也就是**解决问题型**。比如受伤时所使用的创可贴，以及牙签、卫生纸等日用品（质量水准基本持平的可代替商品）这一类产品。毫无疑问，这些产品能在顾客的心中的感觉能从负数逐步提高至零。换言之，可以说这些产品含有其本身的价值。

其二则是“将正常状态进一步提升为高昂状态（从零到正）”，也就是提高**心灵满足感**。比如以奢侈品为代表的产品，拥有它就能提高心灵的满足感。

此外，和产品价值一样，企业针对顾客的方法也可分为两种。

图表2 ◆ 产品的价值（便利性）

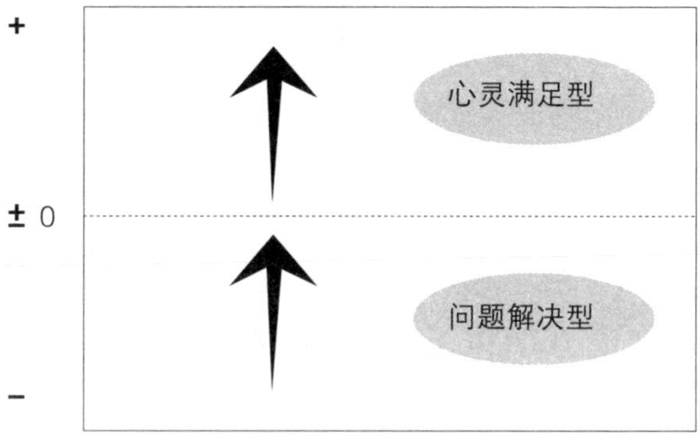

从负到零的产品被称作“问题解决型”，其效用的针对性非常简明易懂（比如去污的洗涤剂等）。而从零到正，也就是所谓的“心灵满足型”则由于不同的人所追求的价值观不同，所以包含更多暧昧且多样性的不确定因素（比如喜欢的小说作品因人而异）。

这两种中的其一是客观的，其二则是主观的。

所谓客观，是指能用具体数值进行比较的东西。比如汽车会有目录记载油耗标准、低排气认定星数、总排气量、最高马力和转矩等能进行比较的数据。这些要素主要由制造商决定。

而主观则是完全相反。它指的是舒适度、质感和喜好等由顾客方决定其价值的要素。

从这一观点来看，汽车试驾服务、顾客接待、售后、维修等人工服务则处于客观与主观之间的位置。

从客观层面上来说，**人们虽然往往偏向于重视规格和性能这种数据或数值**，但售后和维修等也能根据制造商的不同来进行客观比较。

试驾服务、顾客接待、售后、维修，以及规格和性能这些基于客观要素的价值就像是“填补”不足的工序。再次以汽车为例的话，即如果马力不足就利用能提升马力的技术来填补不足，如果服务水准较低的话，就通过提高水准的人才培养来填补不足。也就是将从客观角度提出的问题逐步“填补”起来的作业。

另一方面，我认为除人工服务之外，顾客方是否喜欢这一主观要素并不是非常重要。不过这方面作为一大难题，很难浮于表面。主观性要素很容易因顾客的不同而出现细微的偏好差异，因此很难转化为数据来进行了解。此外，难以进行比较的东西也大多处于难以找出替代品的状态。**这方面也可以称作情绪性消费，具有即使放在客观层面上比较也难以明确把握的性质。**

4.分析顾客嗜好

日本至今为止采用的都是“实事求是型”市场营销，也就是寻求短期内销售大量产品的手法。数十年来，这种手法也的确能提高产品销量。但它是否能在今后继续使用呢，恐怕很多人也在内心思考过这一点。

当然，至今为止的短期内创造大量销售额的市场营销绝不是错误的。但市场营销2.0的创立者科特勒却在最近的著作中表示已经开始摸索今后市场营销的新形态了。最近，专家们提出了新的单词，即应用了神经系统科学的神经市场营销，这也是近来市场背景的潮流。

让这一倾向加速的是现代生活不可或缺的SNS，比如twitter和facebook等社交软件。随着信息技术的日益发达，逐渐形成了能轻易获取顾客意见或反馈的环境。企业必须在响应这些反馈的同时提高顾客满意度，否则很快就会被淘汰。像之前那样在短期内出售大量商品的手法渐渐不再适用于市场，这一点恐怕大家都深有体会吧。

事实上，至今为止的市场营销，**尤其是市场营销2.0是着眼于个人属性本身的营销方式。**比如F1和F2这类用语就是典型的例子。这是用于电视业界和广告业界，用于统计区分个人收视率的通称。例如F1层指的是从20岁到34岁的女性，F2层则指35岁到49岁的女性，使用方法是“推荐F1层这种商品”（通过像这样区分市场，对顾客进行分区处理）。

并且现在的市场营销注重于个人所归属的组织和团体等之间的关系型。笼统来说就是指“**共享爱好与价值观的集团**”。

比如户外活动伙伴中有男性也有女性，年龄分布从20岁到50岁，性别和年龄层都很复杂。因此这种情况就不适用于之前所说的按年龄和性别来进行分区。

由此产生的新型分析大多由信息扩散能力较强的人主导，强调创造产品价值这一侧面。虽然如今这对于熟悉twitter和facebook这类社交软件的我们来说已经是司空见惯的事，但在这之前，从刚进入21世纪时起就产生了关于这种复杂情况下的市场营销的讨论，并且该课题一直持续至今。

5. 市场营销的调查与交流

在信息技术日益发达的现在，企业活动能拓展至更广阔的范围。换言之，全世界的人都可以变为顾客。当然，亲临现场获得实地信息也是宝贵的经验。不过重要的是将通过调查搜集的一次信息与通过信息技术搜集的庞大二次信息进行分析和分类，并将其与全公司共享。

此外，企业是由性别、出身和国籍均不同的人组成的集团。**但即使是这种思维方式迥然不同的人的集合体也必须共享能让所有员工都遵从的具有再生性的信息。**而市场营销的调查方法论也就是由此而生。

既然市场营销是能创造出让任何人共享的情报的道具，那么与企业活动相关的所有人都可以称作是让公司能顺畅交流的工具。换言之，学习市场营销也就是学习商业上的交流。

让更多人购买，让购买者得到更大的满足感，并且为了得到这种满足感而继续购买，这就是所谓商业上的交流。而“市场营销”这一方法论的诞生理由就是让这种交流更为顺畅。

从下一章开始，我们将介绍市场营销是如何诞生的，并解答其历史必然性，验证时代需求与发展过程。

Q&A

有效利用二次信息的企业示例

——提到现实中利用市场营销数据的实例，我首先想到的就是用于零售出纳等领域的POS系统，请告诉我有效利用它的企业以及其经过与背景。

分析消费者的动向，将其数据活用于商品开发和物流管理中的手法是近代市场营销的代表性方式。

据说真正引入这种手法的是美国沃尔玛。1940年以杂货店起家的沃尔玛在90年代成长为全美最大的零售店，之后与日本西友集团合作，于2005年进驻日本市场，这些事迹都让人记忆犹新。

而沃尔玛实现飞跃性发展是在80年代。“Every Day Low

Price（天天低价）”这一口号通过彻底削减成本和物流管理实现低价战略，牢牢地抓住了顾客的心。而推动其迅速发展的则是有效利用能逐一掌握所购买商品和购买者特性的POS数据的市场营销。

沃尔玛从70年代开始逐步导入POS，至1998年，近90%的店铺都已配备。并且更令人惊讶的是，沃尔玛会将所有店铺搜集的POS数据与交易方共享。它通过这种做法来实现之前所说的“彻底削减成本和物流管理”。

日本的麦当劳和7-11也因积极利用POS而广为人知。80年代之后的市场营销都像这样通过使用定量化数据实现科学性的手法。

即使是现在，这种方式也是常规手法。在认识这一前提的基础上阅读本书才能获得更为深刻的理解。

第2章

学习基本理论①（市场营销1.0）

1.市场营销的序幕（市场营销1.0）

■ 从福特公司的市场营销来看市场营销1.0

“市场营销这一概念究竟是从何时出现的？”这个问题很难回答，但从学术方面来说，1950年的俄亥俄州立大学商学院课程已经有了名为“市场营销”的科目。而当时的市场营销被定义为“商人从事生产活动或创造经济生产力时的正当手段”。

这是否与您对现代市场营销观的印象有所不同呢？因为当时的市场还处于商业=生产活动的阶段。

那么企业所创造的战略性市场营销究竟是怎样的呢？这里以1908年登场的世界性汽车T型福特车为例来进行分析。

福特公司虽然制造了各种类型的汽车，但T型福特车的诞生还是彻底改变了企业状态。通过强化在当时完成度极高的T型福特车的生产，公司获得了成本上的收益，成本性价比也成为推广性高的汽车代名词，席卷了全美。

在当时的状况下，福特公司甚至抛出了有名的台词“You can have any colour you want as long as it's black（你可以选择任何你想要的颜色，只要它是黑色）”。从这句话中可以看出在那个时代中，持有产品的企业方对顾客是如何强势。

T型福特车作为马车的代替品逐渐被人们接受。它毫无疑问比马更为方便，只要加满汽油就能运作，所以即使是拥有马匹的人也想购买。至今我们依旧用“马力”来表现汽车性能，也是当时传承下来的称呼。

正因为处于这种时期，所以作为T型福特车的销售方，只要生产出来横竖都能卖得掉，销售就像是往干燥的沙漠中注水一样轻而易举。

因此当时的福特公司的市场营销活动也遵从了这一原则。企业强调T型福特是所谓的car（汽车），也就是新的horse（马），夜以继日地生产，一味扩大和占有市场。

“You only think you need a faster horse.（你只需要考虑自己需要一匹更快的马）”这一销售口号也是当时的T型福特车的广告标语，从中我们可以看出在销售T型福特车的时候，更重视宣传其为“马的代替品”而非“汽车”。

T型福特车的存在就是“马的代替品”，所以当时许多人并没有将“汽车”这一固有名词与T型福特车画上等号。这一事实对于熟悉近代市场营销的我们来说是否有些出乎意料呢？如果是我们的话，是否更希望将T型福特车作为“汽车”这一新品种推广而非仅仅作为“马的代替品”呢？

图表3 ◆ 市场营销1.0的要点

告知产品特征
告知是谁在销售
告知能在哪里购买

在市场营销1.0中，重点是供给方的告知义务。有广泛而稳固的消费者只要了解产品特征就会花钱购买，因此该阶段最重要的就是迅速且毫无遗漏地对消费者传递情报。

但在马是人们生活中心的时代，**要让他们理解“汽车”这一崭新的概念需要花费相当大的时间和精力。**从现在的眼光来看，当时的时代条件下，信息传递手段非常有限，那么不用特意花费什么精力，直接将其称作是“马的代替品”反而更利于销售。所以市场营销活动毫不犹豫地将商品数量和物流放在首位，进行直线销售。因为无需考虑如何“将有限的资源发挥出最大利益”，所以这也是理所当然的做法。

图表4 ◆ 产品生命周期

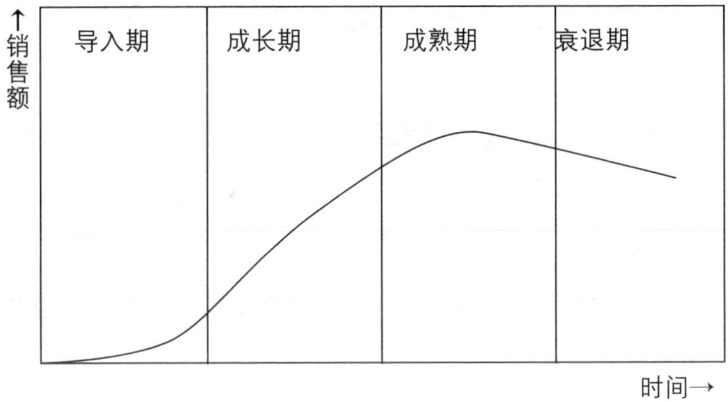

这里需要补充的是，当新产品推出市场时，一开始往往是作为代替品出售。

比如最近热销的智能手机最初也是作为普通手机和小型PC这类产品的代替品登场。此外，如果要举更为简单的例子的话，电饭煲曾是锅的替代品，洗衣机是洗衣板的替代品。

在替代品登场初期（也就是产品生命周期的导入期）是不会顾及消费者喜好的，它的全部作用就只是作为替代品而已。

事实上，1908年登场的T型福特作为马的替代品推出，通过注重数量和物流（市场营销1.0）很快就被人们当做便利的工具接受，在20年内都没有更换模型的必要。也就是说，最朴素的黑色和以马车为原型的高顶棚车款连续销售了20年，累计达1500万台以上。从现在的角度来看，当时简直是个令人难以置信的环境。

而打破该记录的是德国大众汽车公司的Ⅰ型汽车，俗称甲壳虫汽车。它从T型福特车停止生产后的1938年起开始生产，一直持续到2003年，70年间共计出售2000万台。不过即使从这一点来看，在短短20年内就售出1500万台的T型福特车依旧是当之无愧的世界第一畅销车。

即使不进行市场营销也可以的状况能持续吗?

虽然T型福特车的例子是仅用于说明市场营销1.0的事例，但T型福特车登场的20世纪初期的美国并不是完全处于市场营销1.0的状况中。此外，无论在任何时代，只要处于市场经济发展途中，都存在市场营销1.0的状况。

这里最重要的是其规模的大小、持续期间的长短，并且新市场营销大多也是以该市场营销1.0的状况为原点出发的。以此为基础，在T型福特车所创造的独占型市场背景下，现在的我们所熟悉的一切复杂市场营销都并没有什么存在的必要。

以日本为例，在1950年代，冰箱和洗衣机、电饭煲这三大家电曾被称作“三大神器”。在当时的状况下，销售商根本无需详细了解消费者的喜好，所以颜色几乎都是以白色为中心（也因此被称作白色家电）。而这种以大量生产并投放市场为中心的做法也与T型福特车的市场营销1.0环境类似。

2.市场营销1.0之后的路

■ 市场营销的发展理由

正如各位所了解的一样，美国在历史上对移民十分宽容，因此在地理条件各异的广袤土地上居住着不同人种的人。他们在活跃于每个时代，作为消费者，在复杂的市场环境下为市场营销的进化做出了巨大贡献。

美国最初也如之前所列举的T型福特车一样，能持续约20年的朴素市场营销，哪怕只有单一的黑色车型也能不断提高销售额。

但随着市场的成熟化，这种做法在不知不觉间已经很难再继续扩大销量了。随后，T型福特车在售出1500万台后停止了生产。为什么T型福特车后期难以继续延续辉煌了呢？

当人们产生这一疑问时，也就意味着市场营销开始迈向了2.0的道路。

我认为其理由大致分为两个方面。

其一是“**市场本身饱和了**”。当沙漠吸收水分的时期过去之后，市场上充满了T型福特车，日常生活中的车也变成了比马更常见的东西，于是“You only——————”这句话不再通用。此外，随着人们喜好逐渐多元化，“You can have”——————这句曾是T型福特车象征的名句也不再通用。

从产品生命周期上来说，它已经进入了“成熟期”，于是“只要生产出来就能卖掉”的时代宣告结束。

至于第二个原因，则是由于“**竞争**”的登场。T型福特车虽然是世界畅销车，但德国大众公司的I型（甲壳虫）却打破了它的销售数量。

也就是说，T型福特车逐渐开始被拿来与其他公司的产品进行比较，顾客站在了选择产品的立场上。而这种对商品的选择权则被企业称作“竞争”。

其中最具象征意义的是T型福特车被设定为“马的替代品”，而I型的通称为甲壳虫汽车，这显然证明了人们不再将汽车看做是马的代替品，正在寻求一种新的价值观。

而无论是福特公司还是大众公司，当他们开始考虑怎么做才能比其他企业卖出更多产品时，也就意味着其思维方式已经从之前最朴素的市场营销向更为复杂的高度市场营销——即市场营销2.0转换了。

3.竞争的加入成为2.0的导火索

在产品的导入期和成长期的初期阶段，单纯以降低价格来占有市场的做法比复杂而细致的市场营销更能带来商业利益是众所周知的事实，这也能以前述的T型福特车的事例来进行佐证。

比如福特公司其实也曾准备了T型福特车以外的BR型、S型和N型等高级车型，但品种的增加导致整体成本提升，而核心顾客却还处于汽车就只是汽车，对繁复的种类不感兴趣的阶段。于是福特公司最终决定将全部精力投放在T型车的生产上，这一朴素的战略在当时也是合理的，在此前提下以数量和低价取胜。因此大量生产和物流是初期阶段的关键所在。

用如今的常识性市场营销用语（概念）来说的话，即为3C分析中有两点即可。

图表5 ◆ 市场营销1.0→2.0的要点

竞争企业的出现
顾客选择面的增加

↓

本公司产品被顾客选择的必要性

当竞争企业出现时，企业商品会被消费者拿来比较。而要让他们选择自己，则必须让本公司产品比其他公司更能吸引消费者，必须制造更能反映消费者希望的产品，更有效地向对本公司产品有兴趣的消费者传递情报，进行宣传。

所谓3C分析，是指对公司（Company）、顾客（Customer)和竞争（Competitor）的分析。换言之，就是只考虑公司与顾客之间的关系性就能售出T型福特车的状态。

从2C到3C分析的转换也就意味着竞争（Competitor）的登场，同时表明开始向市场营销2.0进化。

■ 3C分析是通往市场营销2.0的入口

福特公司与大众公司、通用汽车公司等制造商形成了竞争（Competitor）。

这些厂商的登场意味着产品生命周期进入了成长期阶段。于是T型福特车自生产以来第一次被放在了与其他公司产品相比较的立场上。因此针对企业、顾客与竞争这三者的分析也成为了必然。

就这样，T型福特车陷入了不得不面对顾客评价的状态。这也是市场营销2.0的开端。

然而，**已经习惯已有市场的主导者往往难以从消费者的视角去看待问题，也很难转换思维去做与之前截然不同的事。**另一方面，如通用汽车公司和大众公司这种后来者却为了与市场主导者一较高下而拼命寻找方法，反而更有可能比主导者们更快找到通往市场营销2.0的路。

在下一章将通过本田与哈雷公司来介绍北美二轮机车市场的市场营销事例。该事例作为市场营销2.0的典型事例经常被人提及，从中能学到市场营销是如何进化的，以及该进化为什么会发生等近现代市场营销相关的各种知识。

第3章

学习基本理论②（市场营销2.0）

1.理解市场营销2.0（STP）

■ 市场营销2.0的基本概念STP

前一章以T型福特车这种产品为例说明了“市场营销1.0”的世界。它也是“数量与物流”的近代市场营销原始形态的起点。

汽车会随着时间流逝达到数量上的饱和，而市场营销1.0也随之迎来终点，对于商品销售需要花费新的手段了。

以此为契机，“竞争”应运而生。当市场脱离只需要考虑企业与顾客关系的时代后，激烈的竞争出现，商人不得不开始分析包括竞争在内的商业环境。“3C（公司、顾客、竞争）分析”初现苗头，这也是市场营销2.0的开端。

以上只是简单概括，本章之后将以市场营销2.0的结构是如何完成的为中心主题进行详细介绍。

市场营销2.0的构成也被称作**STP市场营销**。所谓STP就是指细分（Segmentation）、目标（Targeting）、定位（Positioning）的第一个字母。接下来进行依次说明。

■ 分区（S）

对于前述的T型福特车而言，它在市场中的设定不过是“比马车更为方便的交通工具”。也就是将汽车市场看作一整块巨大的分区。以此为出发点，我们首先来看细分（S）。

S从语义上来说是“区分(Segmentation）”市场，**在某个大型市场中可以依据地理条件、年龄性别、喜好、行动方式等因素，将有相同需求的人分为不同集团，从而将其定义为更加“精密的市场”来掌握。**简而言之，就是将有相同喜好的人分隔开来。

为什么要在这方面花费工夫呢？虽然像之前一样制造针对性较广的产品也是一种方法，但随着时代的发展，竞争日趋激烈，人们的喜好也变得更加多样化，即使是针对同一个市场也难有万全之策。

■ 目标（T）

在意识到巨大市场中的“细分化小市场”之后，以此为中心精简本公司商品，从而能得出更为有效的方法。这种集中针对细分化市场的行为就被称作目标（T）。

配合某个分区集中投入资源显然更能有效地达成目的。尤其是在经营资源有限，无法覆盖整个市场的情况下，或是顾客喜好性过于复杂的情况下，ST与T的行为尤为重要。

图表6 ◆ 分区和目标

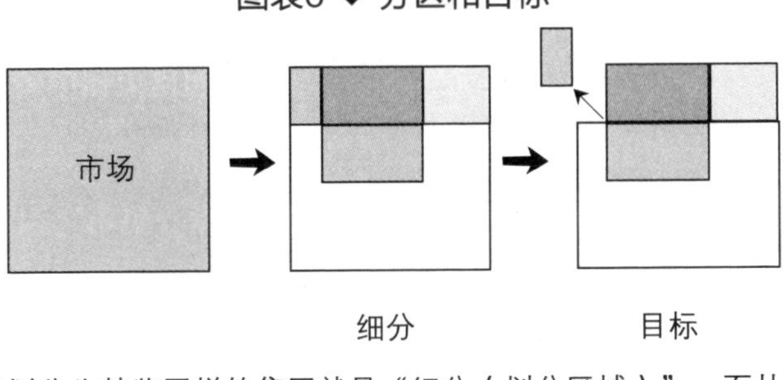

将市场划分为某些同样的集团就是“细分（划分区域）”，而从这些分区中选择顾客则是“目标（将某个分区定为目标）”。

在“作为比马更好的替代品销售”的市场营销中，最重要的是确保数量，让顾客知道商品在哪并送到他们手中。但在“汽车到处都是，我想要最适合自己的汽车”的新时代市场营销中，S（细分）和T（目标）则变成了最重要的部分，我想这并不难理解。

下一节将以事例为基础介绍S和T的重要性，并进一步说明其延伸的定位（P）的含义。

2.通过事例思考市场营销2.0

■ 以两轮车市场为中心的本田与哈雷的事例

以STP为基础的市场营销2.0的概念输入已经在商业管理层中普及，但对于刚起步的新人而言还有很多需要学习的地方，并且由于习惯各种阶层感也是必要的，所以需要一定程度的集中力和错误尝试。而这种不熟悉的生涩感更能让人了解到市场营销2.0绝非呆板的行为，它更为立体生动。

因此本章选用更有趣的事例来进行说明，首先介绍北美二轮车市场自1960年后所采取的市场营销。具体来说就是北美的代表性两轮车制造商哈雷公司与日本的两轮车制造商本田摩托公司之间的企业竞争。

图表7 ◆ 目标与定位

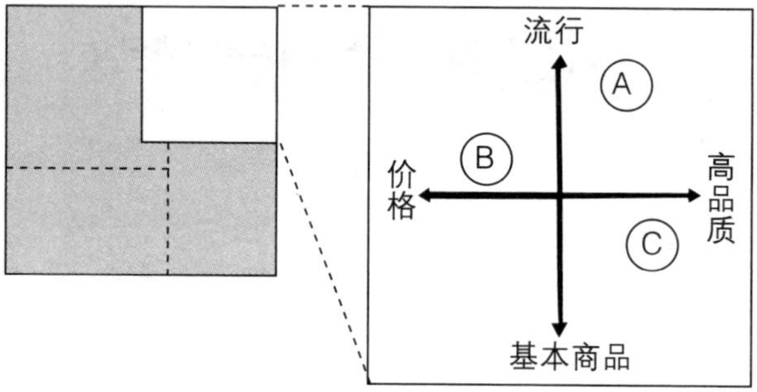

如果在确定了目标的分区内存在其他竞争企业的商品，那么在该分区内突出本公司产品特征就是所谓“定位”。针对定位的分析往往会采用两轴的定位图等。

在1950年代的美国，哈雷公司是占据了北美两轮车近八成市场份额的垄断性企业。然而本田摩托却在1959年进驻美国后仅短短数年就远远超越了哈雷的销售额。这一可称作是奇迹的本田摩托逆转剧也是近代市场营销的典型事例，经常被商学院用作范例（作为题外话补充一句，输给了本田的哈雷在后来又重回了胜利组。虽然哈雷的市场营销策略暂时晚了本田一步，但通过市场营销重组，最终在两轮车市场中战胜本田，再度成为利润最高的企业）。

其经过有些复杂，为便于理解将其简单化的话，可以将哈雷和本田的竞争整理分为四个时期。

可以简单地将其称作“哈雷全盛时代”、“本田流行时代”、“哈雷没落时代”和“哈雷复活时代”。

■ 哈雷全盛期不需要S

那么我们首先来看第一个时代，也就是“哈雷全盛时代”。

哈雷是创立于1907年的摩托车制造商。当时的美国有多家摩托车制造商，其中包括哈雷的对手厂家印第安摩托。

图表8 ◆ 哈雷全盛时代的STP

S	想要骑摩托车的所有美国人
T	同上
P	不需要（分区整体）

哈雷当时没有面临任何竞争，成功构筑了“摩托车=哈雷”这一公式。因此分区就等于整个摩托车市场整体，目标当然也一样，更不需要定位。

而哈雷的全盛时期大约出现在第二次世界大战后。由于世界大战结束，政府不再有特殊需求，摩托车市场整体陷入了低谷。在此过程中，哈雷最大的对手企业印第安摩托公司于1953年破产，北美市场几乎只剩哈雷这一家制造商硕果仅存。

从那之后，在美国市场中逐渐形成了“摩托车=哈雷”这一公式。因此失去竞争对手的哈雷只需要对市场投入经营资源就足够了，因为当时只残留下“骑摩托车的人”这一分区。

这种单一产品占据市场的状况是否让你觉得似曾相识呢？恐怕不少人已经发现了吧，这与前一章中所讲的T型福特车的例子一样。换言之，即不需要S（分区）的状况。在这种环境下，重点是确保产品生产和数量并尽量提高其效率，根本不需要考虑“购买摩托车的顾客的想法”。

■ 以T起死回生

第二时期的“本田流行时代”于1960年开幕。在此前一年，本田进驻哈雷占据市场第一份额的北美，但销售数量仅为2000台，远远没有达到当初每月10000台的目标陷入了“可能会迅速撤退”传言四起的尴尬局面。但本田随后却展现了其巧妙的手段。一开始，本田的销售重点是与哈雷相同排气量的5000cc以上大型摩托，但从翌年1960年起却改变方向，致力于推销仅比自行车大一点的“SUPER CUB”这一小型摩托车。

最初的本田本着“销售摩托车”的想法，和哈雷一样理所当然地认为应当与对手在“骑摩托车的人”这一区域内一决胜负（分区的设定）。然而在同一区域中，哈雷已经被北美广泛认可，人们只要提及摩托车就会想到哈雷，本田显然无法在这样的市场中抢占份额。

因此，本田痛彻地发现必须打开新的市场分区。于是它将“骑摩托车的人”这单一分区的市场进一步细分，分成“骑大型摩托车的人”和“骑小型摩托车的人”（分区的再设定）。

并且令人惊讶的是，本田还将“不骑摩托车的人”作为顾客对象给予重视。这当然是和哈雷完全不重叠的分区。

在上一章的结尾曾提到，所谓T（目标）就是将某个市场中的不特定数量的顾客按其特性进行细分（=S、分区），并以此为标准集中投入企业资源的行为。本田以“不骑摩托车的人”作为顾客对象的行为也可以被认为是T行为。

图表9 ◆ 美国本田的STP1

S	骑摩托车的人 一部分不骑摩托车的人
T	对小型摩托车有兴趣的人
P	对抗哈雷

入驻美国市场的本田决定挑战“摩托车=哈雷”这一公式。要与哈雷竞争，本田设定了需求非哈雷型摩托车的人群并进行分区，锁定目标，目的是满足“并非哈雷而是本田”的诉求。

就这样，本田将（非摩托车）“SUPER CUB的驾驶人”主要划定为大学生和住在都市近郊的上班族，建议他们上学和上班时使用SUPER CUB。而后本田的销售额果然一点点地稳步。

但本田在这次S（细分）和T（目标）的成功之前还进行过多次ST尝试。比如在进驻北美之际，将世界市场按照北美、亚洲、欧洲进行地域S（细分），将其中之一的北美定为T（目标）。从这些事例应该能够理解S（细分）和T（目标）的意义和位置关系。

■ 定位（P）的构筑

在北美销售摩托车时，本田通过改变T（目标）虽然挽救了最初的失败，但随着销售额的提升又面临了新的障碍。那就是顾客针对SUPER CUB“是摩托车吗”“还是非摩托车的交通工具呢”，或者“只是自行车的一种呢”的疑问。这是因为本田将作为小型摩托车的SUPER CUB变为主力产品后，依旧放在传统的摩托车商店进行销售。

当时是摩托车中心顾客是哈雷车手，他们根本不会看和哈雷摩托放在同一个卖场的SUPER CUB一眼。或者说本田的SUPER CUB甚至会让他们觉得格格不入。

为什么呢？因为当时对摩托车的普遍认知就是“摩托车=哈雷，它就是大型交通工具”。从这一认知来看的话，SUPER CUB显然是“难以称其为摩托车的（小型）交通工具”。并且，当时的摩托车店内普遍是穿着黑色皮夹克的肌肉男店员，他们销售小型SUPER CUB的场景也让哈雷车手们觉得太过滑稽了。

而这也让想要购买SUPER CUB的人们产生了违和感。正如之前所说的一样，当时SUPER CUB的目标顾客是大学生和上班族，在他们眼中，哈雷车手这类人是“浪子（狂野而目无法纪的人）”，和自己属于不同的世界。而SUPER CUB却和哈雷车放在同一个卖场。这该怎么办呢？他们就会认为“虽然SUPER CUB似乎很方便，但要和不良青年沦为一流就让人反感了”。此外，还有人认为SUPER CUB“虽然号称是摩托车，但却是被哈雷车手们看不起的半吊子玩意”。

这样一来，本田就陷入了窘境。好不容易变换T（目标），销售额也开始提升，却在这紧要关头陷入了被目标顾客的大学生和上班族非议的状况。

于是本田决心想办法打开局面，开始拼命思考“定位（P）”。**定位一般是指决定“让顾客如何认识本公司商品”的行为。**在本田的例子中，就是将目标顾客定为大学生和上班族，定位（P）与其配合进行设定的行为。当时的本田以和哈雷一样的设定来向大学生和上班族推销SUPER CUB，甚至想要向摩托车爱好者们出售大学生和上班族们所骑的SUPER CUB。然而SUPER CUB是摩托车吗/还是非摩托车呢？究竟是哪种顾客想要购买的商品呢？简而言之，就是让人觉得“两面不靠”的产品。

图表10 ◆ 美国本田的STP1

S	想要将摩托车作为日常生活中的“双腿”的人
T	喜欢小型摩托车的人
P	善良的普通市民的交通工具

本田想要开拓与传统摩托车不同的潜在客户群。针对不追求野性的人，想要进阶版自行车的人，重视便利性和耐久性的人，本田提出了强调小型摩托车的便利性和实用性的战略。

本田不得不重新考虑SUPER CUB的P（定位），并为此投入了大量心血。具体说来，就是将SUPER CUB设定为“（虽然是摩托车）但并不面向不良青年，而是提供给善良市民的交通工具”这一P（定位）。

具体的手法则是下一章将要说明的营销组合“4P”。

本田所采用的是推出俗称“THE NICEST PEOPLE”（善良的人们）的宣传活动。这是针对16到26岁的年轻人进行集中营销的1963年销售战略。

同一宣传活动的传单上曾有如下口号：“YOU MEET THE NICEST PEOPLE ON A HONDA”。正如其意，就是直接表示“驾驶本田的市民是善良且潇洒的”。广告稿投放到时尚杂志和大学报纸等媒介上，颠覆了之前摩托车（也就是哈雷车）给人们带来的传统印象。

专卖店也设置在交通便利的城市中心，明亮的店内站着一身雪白工作服的店员，以谦和礼貌的态度接待顾客。此外，SUPER CUB还有丰富的颜色可供选择，价格也降低到学生们可以接受的范围，并且除了销售之外还开始提供租赁服务。这都给人们带来了与哈雷截然不同的印象，也就是“定位”。

翌年的1964年，本田成为第一个获学院奖的外国企业，从此在全美国扬名。之后，本田摩托车的销售数量（含SUPER CUB在内的所有车种）很快突破了20万台。

在此想要强调的是S（分区）、T（目标）和P（定位）的阶段感。**从大型市场中划分“不骑摩托车（哈雷）的人”（S、分区），选择该区域（T、目标），以哈雷为对手进行设定（P，定位）**，这一系列流程也就是MBA所教授的作为近代市场营销基础的STP，它对于学习STP来说也是简明易懂的事例。

Q&A

必须慎重地选定目标

——选定目标非常重要这一点我已经明白，如果有可能的话，应该有些企业会想要同时选定多个目标吧。比如像撒网一样利用多种渠道，设定多个目标，而后依次达成的方法可行吗？有没有最后能筛选出成功的目标并针对其行动的方法呢？

这是指将所有能想到的顾客层都设为目标的方法吧。如果是垄断市场的主导者也许有可能，但这种方式大多很难实现。

首先，由于经营资源通常是有限的，所以要有效地提高利润就必须针对性地集中于某一点。目标是全体顾客层的方法看上去似乎能扩大市场，但实际上如果对非潜在顾客的人花费精力，或者是只向本应该尽力争取的顾客做一般性宣传的话，大多都是无用功。

若是进行合理分区，以该区域内的顾客层为对象的话，那么在定价、促销方式和销售场所等方面都能做到最优化。

由于预算和劳动力都是有限的，因此以所有顾客为目标的方法往往会一无所获。

还有一个原因则是目标和定位方面的问题。目标和定位一旦确立，要改变就会承担风险。因此“如果结果不尽如人意，那么就对同一个目标做相反的定位就行了”这种草率的想法是很难实现的。

如果以本田与哈雷的事例来进行说明的话，就是当本田获得成功时，原本以不羁青年为目标的哈雷突然宣布“我们也是善良市民的交通工具”，那么又有谁会信呢？不难想象，如此草率的行为反而会丢失哈雷已有顾客群。

3.市场营销不是一条直线

■ STP的注意点

在思考S（细分）、T（目标）和P（定位）时，有必须注意的要点。那就是“市场营销不是直线”。

在先前的事例中，为了说明方便是按照首先S（细分），然后T（目标），最后P（定位）的顺序来进行说明，但在实际的商业战场上，这三者的顺序是可以随意轮换的。换言之，就是这三点中的任意一点都能作为市场营销的开端。

图表11 ◆ STP的关系（总结）

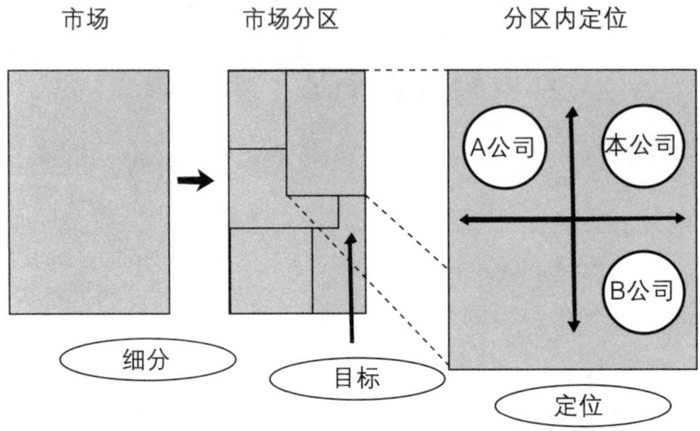

STP作为近代市场营销的定式，如今也在被许多企业运用。尤其是在制定简明易懂，顾客属性明确的量产商品的销售战略时，对分析和立案都很有帮助。

也可以和之前的事例完全相反，也就是先提出P。这时的要做的工作就是依照先行提出的定位做相关假设，配合该假设探寻S（细分）和T（目标）的现实度。

实际顺序应该是“推出充满都市感且设计时髦的带马达两轮车。这种车型应该会被原本对摩托车不感兴趣的广大顾客群接受。”

我认为在完全理解STP的基本概念后，可以尝试同时思考

STP的3点顺序，以提高实际应用能力。

■ ST是企业视角，P是顾客视角

接下来进一步详细说明STP。也许有些读者已经发现S（细分）和T（目标）的性质与P（定位）有所不同了。这是因为S（细分）和T（目标）是从企业视角出发，而P（定位）则是从顾客视角出发。

如何使用有限的金钱和时间？用在哪里？这一议题就是S（细分）和T（目标）的核心。另一方面，企业必须注意顾客给予的反馈，也就是"顾客是有什么看法？"这也就是P（定位）。

如果疏于留意P的话，有可能会让顾客产生预计之外的印象。倘若没发现这一点，就会单方面利己，导致失去潜在的顾客群，最终有浪费时间和金钱的危险。

在之前提及的本田市场营销中，涉及"将顾客分类"和"以这类顾客为目标"的阶段都属于企业本身的议题。在ST阶段是由销售方随意设定假定顾客群。

但当我们从“顾客有什么看法”这一定位的视角出发时，议题就发生了一些变化。这时是通过顾客视角，客观评价ST的设想。于是得出了“不让顾客将SUPER CUB看做以往的摩托车为好”的结论。

本田的这一结论显然是仅凭ST的议题是无法得出的结论。

正因为重视顾客视角的定位，本田才发现了“不骑摩托车的人（之中的潜在顾客群）”这一新的细分市场，接着才能推进到“以这些人为目标是否可行”的下一阶段议题。如果仅从销售方的视角去划分顾客层的话，本田显然是不可能成功的。

■ 细分的种类

本田和哈雷所表现的STP在近代市场营销中颇受重视。为了提高各位的应用能力，在此进一步详述并整理要点。

首先，当你想要出手某个产品或服务时，为提高效率，要将顾客分为多个集团，并从中选出最好销售的集团（S和T）。

分区的方法也就是针对顾客进行分类，一般包含男性、女性的性别、年龄、收入以及居住区域等。

此外比较难以注意到的是，B to C（对消费者商业）和B to B（对法人商业）的分类方式也是常用种类之一。当然，根据针对的市场不同，各企业所采用的方法也各异。

值得一提的是，由于美国各州法律有很大不同，受其制约，大多数情况下都必须按照州来进行细分。而在日本的话，即使划分为关东和关西，法律也没有太大差异，区域划分则不像美国的地域分类那么有效。

像这样根据国情来分类也可以看出实施市场营销时的有效细分各有不同，无法统一使用某种通用细分，所以遇到困难时要“遵循常识”。

而怎样的细分才是符合社会常识的呢？这就需要在日常生活中有意识地学习。尤其是在考虑全球性战略时，通常会面临多种分区方法，了解其种类能决定市场营销的效果。

■ 用ST开拓新市场

S（细分）和T（目标）的基本就是根据年龄、性别或者所居住区域等将市场从多个角度进行分类，并针对分类选定与企业产品相符的市场区域。**但值得注意的是，分类过多也有弊端。**

将顾客层划分得过于细碎的话，会导致区域过小，虽然这便于听取顾客诉求，但也有可能产生规模过小而使商业市场难以成立的危险。

如果陷入“不知道该进行哪种程度的分类”的困境的话，就静心思考对于企业而言市场营销的最终目的，也就是该如何“提高销售额，增加利润”。

如果不进行分区的话会导致效率低下，但分区过细也不是良策。那么哪种程度才算最合适的呢？实际上，在市场营销的世界中，甚至有“过细病症”这一词汇，可见适度的分区是多么困难且复杂的问题。

图表12 ◆ 使用逻辑树的分区例子

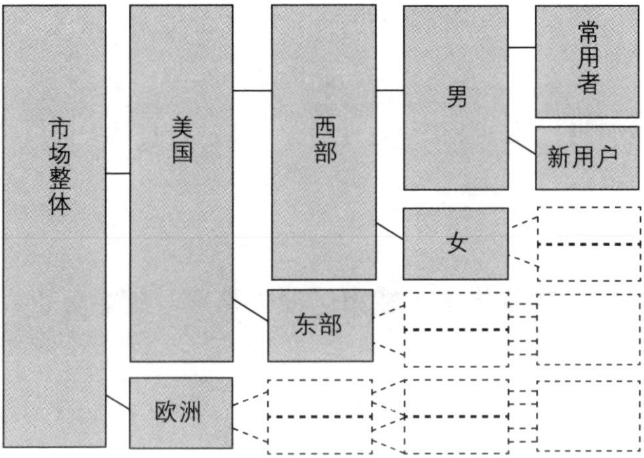

这里所说的逻辑树手法就是指针对某个对象做细致的属性筛选，通过重复以上行为锁定有意向于本公司商品的假定顾客群，迅速满足其诉求。这样比漫无目的地向整个市场投放商品更节省资源（劳动力和成本），且更为有效。

其应对方法之一就是尽可能从多个视角出发，搜集当事者的意见。这时通过使用逻辑树（分解分类法）就能逐步达成分区议题的一致。比如本田阵营在面对选择“男性和女性”、“美国与欧洲”、“美国西侧与东侧”、“换车顾客与新购车顾客”、“保守派与革新派”这些情况时，要决定究竟选择哪个市场，就需要分析其利弊，一步步找出最佳市场。

这时不能毫无主见地写出分区流程，而应该在“美国与欧洲”下方画出“美国西侧与东侧”，再在其下方画出“男性与女性”，接着是“换车顾客与新购车顾客”，按这种步骤将其绘成逻辑树，最终凭借构造性的分区来决定自己应该以哪个市场为目标。

逻辑树的效果不仅能用于分类整理，还能防止“过细病症”。

以优衣库为例来分析一下分区好了。之前的时尚业界也曾有过将市场细分的行为。从书店中所摆放的时尚杂志种类的多元化就可见一斑。

大多数服装制造商为满足多元化的需求，会根据消费者的兴趣爱好来设计衣服（以增加附加价值），并以与其相符的价格来销售。因此细化分区也就必然进一步加剧。而当过于细分时就会导致市场过小，最终陷入商业苦战中。

但优衣库却反其道而行之，将该分区的市场进行了统合。它注重极简设计，并配合任何人都难以抗拒的“实惠价格”与“高功能素材”（比如能吸收水分的保暖素材等），提高了企业价值。

从逻辑树来看，融合“男性时尚”和“女性时尚”的部分，再进一步融合被细分的年龄层。这样一来就能无视男女和年龄层，创造出“男女通用”“无年龄限制”的新理念，并以这一大区域为新目标。

我想各位应该已经明白所谓细分并不是单纯的分类了吧。虽然细分毫无疑问是寻找自我市场的分析方法，但在今后的时代中，也许还会作为创造新市场的方法被积极利用。

■ 市场营销2.0如今能贯彻到什么程度

虽然本田最终获得了巨大的成功，但它其实并不是在完善地准备好市场营销2.0后再挑战北美市场的。

应该说，本田一开始采用的是和哈雷一样的摩托车销售法（市场营销1.0），然后发觉行不通，于是重新审视顾客，通过改变卖场和降低价格等尝试，逐步完善市场营销的手法。

如今，市场营销2.0的思维已经十分普遍，甚至有时会意识过度。当然，实际上也有不少并不重视近代市场营销，或是完全否定它的天才型企业家。（Apple的史蒂夫·乔布斯的产品开发等非常有名）。如果是能抓住顾客心的天才，能在短期内开发出获得大量支持的畅销商品，那么也可以抛弃近代市场营销，但对于非天才型商人而言，一步步做好自己该做的事才是正途。

实际上，我认为能彻底活用近代市场营销的企业目前还是少数。如何逐步贯彻近代市场营销是这20年来日本企业的典型课题。如果企业能尽早灵活运用近代市场营销的话，不就能尽快得到成果了吗？这是无数商人（领导者）经常问自己的问题。由于近代市场营销中应该做的事已经明确，所以也便于企业家为之努力。虽然有些人认为“市场营销2.0已经落后于时代”，但从先掌握基础的意义上来看，必须认识到“了解市场营销2.0是底线”。在了解它基础上，即使不一定能成功，也能减少失败的次数。

Q&A

P的重要性

——我已经理解要通过S和T来决定P了。那么如果是只考虑S和T就能顺利拓展商业进程的话，是否不用考虑P也可

以呢？

从结论上来说，即使不考虑P也有可能提升销售额。全盛时期的哈雷就是这种情况，上一章中所使用的事例，也就是T型福特车也是同样的情况。

所谓P是指找出商品定位，也是从顾客角度出发的反向视角。如果只要生产出商品就能一售而空的话，那么即使不考虑顾客对商品和企业的看法也不会影响销售额。简而言之，从市场营销的基本就是“用有限的资源催生最大的利润”这一点来看，“不做没必要的事”就是真理。

考虑S和T也就是考虑“目标在哪”和“目标是谁”，也是从客观角度出发的论题。另一方面，P则是“顾客对企业和商品的看法”这一主观要素为主的论题。因此需要频繁切换视角，在实践方面得花费相当大的精力。

但仅靠S和T是否足够，这在成熟的现代市场中一般被认为很难实现。ST的思维很容易变成“企业理论”，而只拥有ST思维的营销商恐怕多出自于优良企业。与其优越的环境相对应的是，他们对于P有多大的重视将决定其在跨越近代市场营销制约的“市场营销3.0”（后述）道路上能走多远。

4.防守方的STP

■ 哈雷被击溃的原因

为了让各位能进一步立体而深刻地理解STP，我们继续对本田和哈雷进行研究。通过第三个时代“哈雷没落的时代”来了解防守方的市场营销。

首先，我们提到市场营销时往往会将目光落到进攻方，也就是挑战者的对策上，但哈雷公司对于本田的快速进击也并不是束手待毙的。即使是市场主导型企业也需要进一步提升销售额，在面对巨大的挑战时，也必须积极应对。

图表13 ◆ 哈雷逐渐没落的时代的STP

S	想骑摩托车的美国人
T	喜欢大型摩托车的人
P	追求狂野的车手的交通工具

哈雷在看到本田的成功后，舍弃了以往的“摩托车=哈雷”这一粉群，重新划定“爱好非本田式摩托车的车手”这一分区，也就是以“喜欢大型摩托车的人”为目标。通过这种做法，有意识地进行与本田截然相反的定位，制定新的战略。

比如主导型企业可以模仿挑战者的方针，以更低的价格将产品投入市场（利用一定规模的经济性的“同质化战略”），就能吸收大半挑战者的顾客群。

哈雷也属于主导型企业，为什么不这么做呢？对于哈雷而言，据说有诸多原因导致其无法采用同质化战略。

我们先来看实际的结果好了。1959年，本田向占据了两轮车市场7~8成份额的哈雷宣战。虽然本田在最初阶段陷入了苦战，但经过错误尝试之后终于成为了能给哈雷危机感的对手，甚至将哈雷逼到了面临破产的困境。

主导型企业无需考虑成本、物流和PR等方面，处于相当有利的立场。为什么在被对手逼至绝境之前哈雷都没有采取有效的措施呢？恐怕很多人都对这一点抱有疑问。让我们来思考一下，哈雷该采取什么样的战略才能制止本田，或者是否根本没有这种战略。

本田在经历了最初的苦战后，以“YOU MEET THE NICEST PEOPLE ON A HONDA”为口号重新进行市场营销。这一构思获得了成功，本田得以开拓市场并持续提升销售额。

作为旁观者的哈雷公司为什么没有考虑“我也可以向善良的市民出售哈雷”，或是宣布“哈雷也是善良的市民的交通工具”呢？因为顾客已经有了“摩托车就是目无法纪的人的交通工具”、“提起摩托车就想起哈雷”这些根深蒂固的印象，因此对于哈雷公司来说，此时再改变P（定位）难于登天。改变反而有可能让已有顾客失望，所以以不变应万变也许才是最佳对策。与其烦恼该采取怎样的市场营销战略，不如提高性能，抑制成本，以实际的改善措施来进行应对。

也就是说，占据八成市场份额的哈雷既有可能并没有想要改变的明确意识，也没有这方面的必要。**然而在被动接受本田所带来的冲击后，哈雷终于意外地发现自己已经处于固步自封的诅咒之下了。**

■ 防守是个难题的原因

也许哈雷也拥有制造和SUPER CUB同类型的小型摩托车的技术能力，但它却并没有进驻小型摩托车市场。**其理由就是之前所说的担心已有顾客的反弹这个外因。**此外，**还有一个理由则是会降低从业人员归属意识这个内因。**

一般而言，即使技术改变，顾客的需求改变，但企业文化却很难配合改变。并且即使现实是改变就能获得利益，但要将之前所积累的一切清零重来，这在人的感情方面也比较难以接受。

尤其是处于哈雷的角度，由于哈雷戴维森这一企业全名与哈雷的固有产品名称密不可分，所以“制造小型摩托车”并不单单只是产品问题，而是与哈雷戴维森的企业文化息息相关的问题。

哈雷难以防守的理由也在此。

■ 哈雷公司的“假想”会议

在以上前提的基础上，为了让各位能进一步体会哈雷的困境，请试着和笔者一起设想以下可能发生的争论。

* * *

哈雷的销售负责人进行报告。

“本田在销售像自行车的摩托车。”

但营销管理者却并不怎么惊讶的样子。

“那么小的摩托车也能称作摩托车吗？”

其他营销管理者也表示同意。

“我们已经有哈雷粉丝追随，所以不能背叛这些顾客。”

难道这些营销管理者们完全不了解市场吗？销售负责人在感到愕然的同时继续说道。

“但是以前骑哈雷车的人现在也开始对本田的小型摩托车有兴趣了。”

“那你的意见是我们也制造小型摩托车？（细分、目标）”

“如果我们公司不尽量拓展新顾客层的话，恐怕这部分人就会被本田抢走了。”

“我也不是不理解你的想法，但50cc的小摩托车会有谁买呢？”

经营管理者表示该市场并没有多重要。

“本田的摩托车是提供给大学生和上班族做上班和上学的代步工具。”

“那不是和我们的"黑皮夹克"顾客截然相反的人群吗（哈雷的定位）？”营销管理者说道。

“黑皮夹克”就是指身穿黑色皮质外套的不良青年们。当时哈雷车手大部分都是由这些黑夹克小混混构成。当然，哈雷的销售店员也身穿黑色夹克。

“但是……”销售责任人继续解释。

“本田的陈列室也非常漂亮，店员身穿雪白的工作服来接待顾客。”

闻言，经营管理者不禁一阵眩晕，随即断言：“哈雷不会制造小型摩托车的，我们对以往的哈雷车型很自豪”。

他们不允许哈雷的销售人员脱下黑色夹克换上白色外衣去接待西装革履的顾客。至于哈雷是否会进驻小型摩托车市场，经营管理者的反应已经说明了一切。

不过经营者们也并非完全不在乎小型摩托车市场。随后，哈雷针对之后该怎么办提出了相反的计划。

首先是与本田的小型摩托车作比较，找出哈雷车的弱点，也就是顾客反馈的“故障较多”和“价格较高”这两点意见，并在真挚倾听意见的同时也着手进行改善，准备在克服弱点之后在讨论是否需要制造哈雷风格的小型摩托车。哈雷公司的营销管理认为，在准备与本田全面开战之前，首先消除公司隐患才是明智之举。

但销售负责人却无法接受。他直觉这么做的话就太迟了。

“为什么不制造小型摩托车呢？现在开始少量生产也可以啊。也可以用和哈雷不同的品牌名称销售。”

“这种方法也不是不可以，但我们公司现在的技术能力要制造小型摩托车有一定难度，你也不想骑容易坏的摩托车吧？”

销售负责人承认自己的建议难以实现，于是接着向营销管理者问道。

“难道不能先从技术方面进行改善吗？”

闻言，营销管理者难以启齿道。

“其实我们过去也讨论过是否可以出售小型摩托车。”

哈雷的营销管理者以前也曾警惕过本田的抬头，将出售小型摩托车的计划交由代理店进行评估。但由于小型摩托车的利润较低，代理店给出的回应不容乐观。

“本田通过大量生产同一车种来有效抑制成本，因此能走低价路线。而我们目前做不到这一点。在这种情况下，我们还要求工人们制造技术不成熟的小型摩托车，工人们会是什么样的心情？出售小型摩托车的店员也一样心里不是滋味吧。如果必然成功就罢了，倘若失败的话，到时候他们会不会心灰意冷地认为失去了进入哈雷的意义呢？”

* * *

虽然以上都是笔者的假设，但本田的销售额一路高涨时，哈雷方显然不可能冷眼旁观。不过即使哈雷做出大动作，恐怕结局也不会改变。其最大的原因是如果以本田所擅长的区域为目标的话，反而可能有损哈雷给人的传统印象。

值得一提的是，市场主导者没落的原因一般是以下4点。

其一是根本性的**技术革新**。跟不上技术变化的主导型企业注定会没落。

其二是**顾客需求的变化**。本田进驻美国市场时也正是顾客对摩托车的需求发生变化的时候。

其三是**法规制度与关税这些客观因素的变化。**

最后则是**与过去的成功经验和工作价值等企业文化**有关。

刚才所举的前3个例子都是外部因素，只有最后一个是与意识形态相关的因素。

■ 改变P的危险性

之前已经说过改变定位的难度，这里再用另一个事例来进行说明，也就是戴姆勒-奔驰公司（当时）推出梅赛德斯奔驰小型车的事例。

1988年梅赛德斯奔驰推出A级（小型车）时，据说主要顾客揶揄其“根本不像奔驰车”。原本响应时代呼声提供不易损坏的安全性高级车给高层用户的梅赛德斯-奔驰突然决定推出小型车，这让他家的忠实顾客也深感疑惑吧。

梅赛德斯-奔驰的A级车所带来的影响无法在此作出结论，但随后奔驰公司又推出了系列小型车，通过销售平民款车型扩大了顾客层。不过在最初发布时，企业恐怕也不得不承担损害顾客终身价值（从顾客手中获得终生利益）的风险。

也就是说，从来只卖大型车的梅赛德斯-奔驰通过推出小型车，将顾客范围从顶级顾客扩大至一般平民顾客，但也带来了顾客流失的巨大风险，一些顾客会认为“梅赛德斯-奔驰再也不是高级车制造商了”。

当然，还有顾客会认为“如果是小型车的话，不用拘泥于奔驰，其他制造商也可以”。虽然选择挑战与以往不同的顾客层在短期内可能拓展新顾客层，但也有可能失去长期利益（事实上小型车尤其受都市人口的欢迎）。

这个典型事例也证明了变更定位时存在的风险。

■ 长远目光能决定成败

最后我们来看看第四的“哈雷复活时代”，思考究竟是什么决定市场营销的成败。

如之前所述，哈雷并没有改变企业定位，而是选择继续维护“浪子”客户群。在被美国大型机械制造商AMF公司收购之后也依旧没有改变这一基本原则。

1981年，创业者一族将哈雷从AMF公司购回，并逐步改变了哈雷的市场营销策略。

以前的哈雷是“为浪子而造的摩托车”，然而这些浪子也会逐渐老去，其中一部分也成为了具有社会责任感的人。

于是哈雷的目标是逐渐从“为浪子而造的摩托车”变为“为曾经骑过哈雷且较为富裕的顾客层而造的摩托车”。

而后，哈雷组织设置了“哈雷车手俱乐部”这一会员俱乐部，积极给他们制造骑哈雷的机会。如今该会员俱乐部已经遍及全世界131个国家，共有100万以上的人加入。

显然，在1960年代陷入破产危机的哈雷自1981年以后终于开始明确重视市场营销这一手段了。

其成果就是让哈雷变成了如今两轮车市场中最具活力的企业。虽然在销售额方面仅为本田的二分之一，但利润率却是对方的两倍。在众多摩托车制造商因不景气而深陷泥潭时，唯有它作为异常高收益企业而备受瞩目。

这是因为即使一时间被本田逼至绝境，但凭借哈雷历代所构筑的分区和定位，将其配合市场营销做再次解读后，不仅能满足已有顾客，同时也能以此措施持续吸引新顾客。

至此，本田与哈雷究竟哪一家胜出了呢？它们各自的营销战略显然在不同的时代背景和视角下有很大变化。

Q&A

不同目标市场之间也有对抗

——我已经能理解为什么本田最终选择了和哈雷不同的目标，以截然相反的定位来提升销售额了。但是我觉得既然目标顾客与哈雷不同，那么两者之间应该没有竞争了吧。

的确，如果选择与哈雷截然不同的定位的话，哈雷与本田之间应该不存在竞争。所以哈雷才能留住自己的顾客，从而生存下来。

但实际上，在本田成功的背后还有其他日本制造商或欧洲制造商进驻美国。

包括本田在内的所有挑战者在最初都选择了以类似SUPER CUB的小型摩托车来决胜负。不过随着小型摩托车的排气量逐步增大，品种也日益繁多，最终还是会进入哈雷所擅长的大型摩托车市场决出最终的胜负。到那时，哈雷才会意识到彼此间强烈的竞争关系。这也是一种惯例和定式，所以实际的竞争与其说是两者之间的竞争，不如说是多个挑战者均卷入其中的更为复杂而混乱的竞争。虽然本田获得了成功，但其过程也无比艰难。

此外，哈雷的摩托车与日本制或欧洲制产品相比，性能方面有极大不同。简而言之就是故障较多。一旦故障较少的摩托车覆盖市场，就会提高人们对摩托车的期待值和品质的平均值，这也需要哈雷做出应对。

对此已有自觉的哈雷虽然保持了定位不变并坚持将其持续至今，但也意识到了与挑战者之间的竞争关系，于是开始努力制造更优质的产品，让企业逐步成长。

第4章

学习基本手法（Marketing mix市场营销组合）

1.市场营销组合的实践（4P）

■ 所谓市场营销组合

本章将介绍市场营销组合。所谓市场营销组合，就是指“达成市场营销目标的各种可控制手段”。该手段就是4P（product/产品、Price/定价、place/渠道、promotion/宣传），即实践各种组合而成的市场营销的意思。

市场营销组合的表现并非是要检验4P的要素之一或者各自分散的要素，而是在经过平衡的补充之后让其形成统一的价值。此外，将4P的4点合一的原因也是因为能更为严密地将这4点进行综合性考量。

图表14 ◆ 市场营销的4P

产品（制品、product）
定价（价格、Price）
销路（销路、place）
推广（宣传、promotion）

在市场营销的4P中，逐一审核每一点很重要，但在经营资源有限的情况下，对其平衡性的考量更为重要。

本章将以我们身边的常见商品“塑料瓶装茶”为题材进行探讨。

■ 考虑价格

1990年，世界上第一份装在塑料瓶里的茶出现在市场上。一开始它作为新事物，并不被茶消费量较多的老年层所接受。但难以抵抗新商品（或者说对新商品尤其感兴趣）的年轻层却很快接受了它，并以此为开端逐步浸透社会。到1993年，塑料瓶装茶的市场就已经成长为包含各种同类竞争产品的巨大市场。

当然，随着市场的饱和，就必须突出差异化（定位）。如果这时你是企业负责人的话，会选择进行怎样的市场营销组合呢？是**针对顾客偏好下功夫**（产品），还是**进一步降低价格**（定价），或是**扩大市场**（销路），又或者**是让自己在竞争中更为瞩目**，以推广来决胜（宣传）呢？

首先来看最简单的定价。定价的改变是提高消费者对产品诉求的手段。试着将茶的价格从150日元降至125日元甚至100日元的话，商品的销量会明显提升。一般情况下，降价在像汽油和钢铁等难以实现差别化的产品中体现得尤为明显。

价格也是会给企业收益带来直接影响的主因。如果要以低于制造成本的价格强行决出胜出的话，即使销量上佳也会给收益带来沉重的负担。比如某个企业随着市场竞争降低价格，则有可能抢占市场份额，而跟随它一起**强行降价**的话，有时就会让此类产品长期保持在这个勉力而为的价格，并且有可能**让低价竞争永无止境**。这也正是思考定价的难点所在。

■ 考虑产品

接着来看产品。例如当以往的“塑料瓶装饮料”随着市场成熟和过度竞争，会逐步向“外观更漂亮”或“口感更好”的方向发展。这时，色素和香料过多的产品更能抢占市场。但当潮流转换，紧接着人们又开始关注“降低血糖”或“抑制脂肪吸收”这类特定保健用食品，也就是所谓的“功能面”。由于其携带的附加价值，即使提升一定价格也能被市场接受。而最近又开始流行“使用老店茶叶的原汁原味”“新鲜茶叶的味道”等，这在某种意义上实现了以一般的价格提供最佳品质，从而得到重视这一方面的顾客群体的支持。

图表15 ◆ [产品]的注意点

- ☑ 产品的基本性能
- ☑ 产品的附加性能
- ☑ 产品的形状
- ☑ 产品的附加价值（保证、报名权等）

■ 考虑销路

接着来看与产品息息相关的渠道。如果将塑料瓶的容量定为1.5升或2升等大型尺寸（产品），那么就可以考虑是否能将其同时在超市和药店等地出售。

图表16 ◆ [销路]的注意点

☑　销售区域（地区、范围）
☑　销售地点（店铺形态等）
☑　销售时间
☑　供应所需时间、成本

在1980年代后半段，罐装红茶也曾流行过1.5升的塑料瓶版。

于是将各家庭必须大量饮用的茶也变为大型塑料瓶产品，从而产生刺激大量消费和购买的销售行动模板。而这种行动模板非常适合当时正开始大面积流行的开车去郊外高速公路服务区的药店大量购买的消费行动。这也是能表现市场营销中渠道这一点的重要性的典型事例。

此外，渠道本身也有值得注意的要点。尤其是像塑料瓶饮料这类产品，最重要的就让顾客想喝时随时能买到。利用自动贩卖机等效果显著，只要顾客想喝时能找到就近的销售点，购买几率就会飞跃性地提升。

■ 考虑宣传

最后来看宣传。所谓宣传就是指促销活动（本书中将其与包装一同讨论），具体活动则是利用CM或广告提升产品在消费者中的认知度这类典型事例。此外还包括给塑料瓶附赠新颖周边，或是设计产品LOGO等包装的革新。

从市场营销组合的视角来看的话，卖场面积——也就是渠道的扩大也是重要的要素，以及商品更新（产品）的推广活动也是必要的。

当然，宣传和包装都需要进行必要的投资，并且付出投资也未必能得到理想的结果，有时也会以失败告终。比如计划销售“自然系”的茶，但包装方面却以要配合当下流行的理由选择了现代感的设计，这就有可能让购买层感到产品与宣传格格不入。

塑料瓶饮料的内容（水或茶）本身是很难进行差异化处理的。饮料制造商之所以都热衷于宣传方面的尝试，也正是因为内容难以实现差异化，只能从顾客印象方面着手。

此外，还有仅凭借改变名称就提升了数倍销售额的案例。很多人都听说过名为“鼻子贵族”的王子妮飘纸巾品牌吧，而它原本叫做“妮飘湿纸巾”。这一款产品在经过改名之后，销售额提升至原来的4倍。

4P的各个要素都紧密相连，重点是综合考虑各自的平衡并将其价值最大化。

图表17 ◆ [宣传]的注意点

☑ 广告宣传

☑ 促销工具

☑ 包装设计

☑ 用途建议

■ 利用4P提高产品期待感和满足感

消费者在购买商品时，很少有人会自动认识到4P要素。关于消费，最简单的概括就是顾客想要购买某种商品，并从该商品的购买中获得综合性的满足感。反过来说，当顾客判断产品能给自己带来综合性满足感而进行购买的话，也就意味着已经通过4P手段完成某种程度的市场营销组合了。

2.根据目的作出决定

这里再给各位介绍一个通过市场营销组合创造新价值的事例。

高硫醇C是一种我们熟悉的“对蠹虫和雀斑有效”的美容药物。但你知道这种药最初宣称的是“治疗宿醉”吗？高硫醇C是由对肝脏有益的L-胱氨酸和维他命C混合制成的药品，于1972年由SSP制药公司推出。

当时正处于高度经济成长期，打着“治疗宿醉”旗号发布后销量极佳。但随着日本经济的不景气，高硫醇C的销量也日渐萎靡。如之前所说的一样，高硫醇C凭借其含有对肝脏有益的成分，从一开始也对美容有一定效果。

因此，从1998年开始，该药品的宣传中心就从“缓解宿醉”变成了“对蠹虫、雀斑有效”。随着STP的再构建，虽然名称相同，但针对用途的宣称却发生了改变。由于药这种商品最重要的价值就是功能性，所以这可谓是个极其大胆的决定。产品包装也随之从男性向的暗色包装改为更为女性向的明亮包装，并且以将卖场的中心从车站前或居酒屋附近的药店转移到了郊外高速公路服务区（销路的变更）。在顾客心中形成了商品的现有印象后，销售额也复苏了。

我们应当从这个例子中学到的重点是“价值并不完全藏在产品本身”。也有通过市场营销让顾客接受之后才产生最初价值的商品。因此我们的目标是不局限于产品开发，还要实现用途开发与市场开发同步进行，创造立体型的市场营销。

这里的注意点是要理解市场营销组合是需要根据目的来进行研讨的项目，它也只是普通的事物。我们要做的是根据目的来思考究竟该使用怎样的市场营销组合。不综合考虑整体后再制定目标，只考虑市场营销组合本身的话是不行的。

倘若脱离目的的话，各要素将难以调和，最终各自分崩离析。这种状况与过于细分的组织丧失自我管理能力很类似。

和混乱的组织会损害公司价值一样，自我目的化的无平衡性市场营销也会导致失去产品价值。

Q&A

综合地创造价值

——我已经理解市场营销组织是不能分开考虑的了。但这在“产品制造主义”的日本是有可能做到的吗?

的确，在日本有4P中产品所占比例较大。若是以极端例子而言，8成是产品，其他2成才是价格、渠道和宣传。但从经验上来说，我们依旧会考虑如何才能将P的4点更为合适地进行分配，如何寻找其中的平衡点。

如今美国的商业习惯是将产品制造交由专家，销售者则只负责销售。举一个代表性的例子，P&G（宝洁）等公司的商业模式是先通过收购制造商来委托其进行产品制造，自己则只将重点放在剩下3P（价格、渠道、宣传）上，控制产品价值后再销售。

P&G将“什么样的产品能畅销”或“人们想要什么样的产品”这类市场调查结果告知制造商，在此基础上进行包括产品设计、命名等在内的一系列完善的产品控制并贯彻此流程。这与日本企业和广告代理商之间界限分明的做法简直像是完全不同次元的东西。

第5章

市场营销2.0的界限与品牌管理

1.“差异化”的界限

科特勒所提出的STP中代表性的分类思考型市场营销活动（本书中将这一阶段的市场营销称作“市场营销2.0”）迎来繁盛期后，它开始作为常见思维推广开来，**“分析顾客属性，让他们在竞争激烈的产品中选择本公司的产品”**这一意识也逐渐被人重视。

这一方式显然是合理的，其中通过机械性分类，还会使其更有效率地产生效果。

不过，随着市场营销2.0在较大市场中的逐步推广，当它延伸至利基市场时，市场达到饱和，其效果也开始逐步降低。

■ 商品的饱和状态（极其到达饱和状态的短期化）

商品化性质较高的产品会更为低廉化，其结果就是导致除了规模较大的企业以外，中小型企业难以生存。

为了避免这一后果，竞争型企业致力于实现差异化，并为商品提供附加价值。

不过这也只是缓兵之计，且容易陷入“为了差异化而差异化”的状况，强行将类似产品进行连自己都不懂缘由的差异化处理（强行制定定位图）。

我们有时会将这种情况称作“市场的成熟化”，或者“成熟市场”。当出现这种情况时，也就意味着迎来了近代市场营销的一个临界点。在寻找新细分市场变得日益困难的状况下，显然也很难选定目标和定位。由此导致市场营销组合（4P）也很容易自行达到临界点。

图表18 ◆ 应当按定位图来进行商业活动?

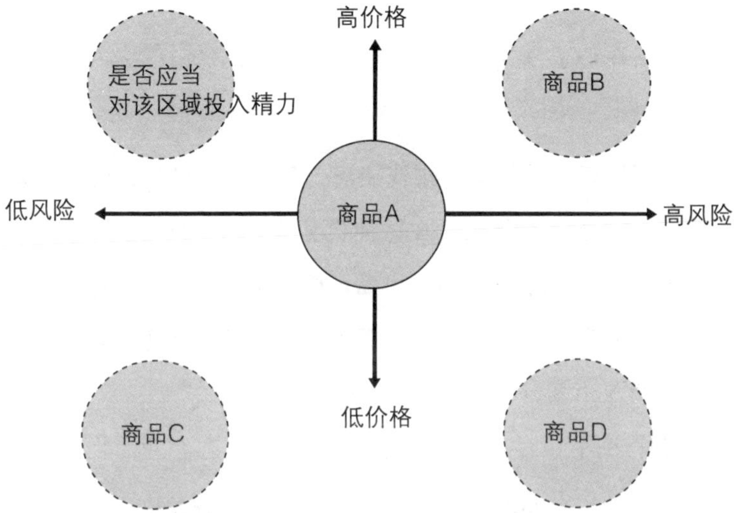

定位图能让商品特征一目了然，从而了解该如何进行差异化处理，以及哪个区域比较薄弱。虽然这会成为下一个商品开发时的灵感，但在难以进行差异化处理的情况下，定位图的实施也会陷入僵局。定位图上较为薄弱的部分有可能发掘出新的利基需求，但也有可能是因为根本不存在该需求，所以才无人着手发掘该领域。

在“成熟市场”中，无论是处于竞争中的企业还是消费者都已浸透于近代市场营销（市场营销2.0）中，导致各企业陷入彼此都难以动弹的胶着状态。

■ 从20世纪的汽车产业来看市场营销1.0到2.0

让我们从汽车产业的发展来看市场营销的发展过程吧。

T型福特车的时代由于物资缺乏，只要能提供价格便宜兼具性能的产品就能轻易售出。在这种状况持续一段时间后，才终于产生了竞争，出现了制作同类产品可能滞销的局面。不针对顾客进行准确分析就无法吸引他们选择本公司产品（在此可以复习一下，这也就是市场营销1.0转为2.0的契机）。

不制作满足顾客需求的车就不会被接受。当企业面临这一情况时，就必然会开始重视市场营销2.0中的“顾客分析”了。

因此，企业致力于对汽车市场进行分区，尽量明确目标，让企业针对该分区设置定位，最终决定推广哪种类型的车种，并为它集中投入资源，提高效果。这也就是市场营销2.0的基本行动流程。

不过即使完美贯彻这一流程，在到达成功的路上依旧会遭遇激烈竞争，顾客也开始对自己进行情报武装。因此要满足顾客就必须增加新配色或有趣的车内装饰或高科技配件等，以此实现与其他企业的差异化。

但这与最初的“集中资源”方法论相比并不太有效率，即使进行差异化处理也会很快被其他公司追上。最终，当差异化的选项用尽时，就将面临无计可施的困境。

简而言之，这就是（汽车）市场的成熟化状态。

以近年的日本汽车业界为例，丰田最强，其次为日产，本田也意外地有竞争力，其市场构图基本固定如此。

汽车的产品品性能其实大同小异，当竞争的车种到达了一定的固定化阶段后，本田该怎么办？或者丰田又该如何应对？这种状况就是成熟市场的例子之一。

也有人认为只要按照之前的方法去做就能永远实现良性循环（站在只实行市场营销2.0的立场）。

但即使如此，考虑到对市场营销所花费的精力以及顾客的呼声，我们先假定在思索如何销售的过程中会逐步迈向市场营销2.0吧。

那么本章之后的一大主题就是今后有可能出现怎样的市场营销手段。

也许有人会觉得不可能有超过2.0的新型市场营销了，但这种想法过于片面。不过以市场营销2.0为前提（论据）来考虑的话，得出如此结论也不难理解。

只是站在高于市场营销2.0的立场来试着考虑市场营销的话，就如同从T型福特车的市场营销（1.0）发展到塑料瓶装茶的市场营销（2.0）一样，2.0不也有可能进一步进化吗？本章稍后将以此为出发点来设想市场营销的各种可能性。

■ 为什么品牌是必要的？

这时有人提出了“品牌化”这一理念。那么我们试着探索从市场营销的差异化极限（也就是所谓市场营销2.0的临界点）到品牌化的进程吧。

在成熟的市场中，无论采用如何巧妙的手段进行差异化处理，在成本、销量、利润方面都会自然而然地到达极限，这在之前已经解释过了。

在汽车领域，企业会陷入可替代商品之间的竞争中，在同一地盘接受顾客严苛的挑选。从顾客角度来说，只要性能优越，更为廉价且符合自己喜好，那么无论是哪家制造商都无所谓。如果顾客不接受该产品，那么他们还有“暂时不买（暂且观望）”这一选项，因此各企业最终很容易陷入“消耗战”。

■ 从商品化的FCB栅极角度出发的思维

针对商品化的想法多种多样，这里主要以FCB栅极（Vaughn、1986、使用的是我个人翻译）为灵感来考虑。

FCB栅极的作用是对产品进行“关注度高/低”和“理性/感性”分析，思考产品特性和宣传战略，不过在此我们只大致了解一下它的产品分类项目。

图表19 ◆ 商品化的分类（FCB栅极）

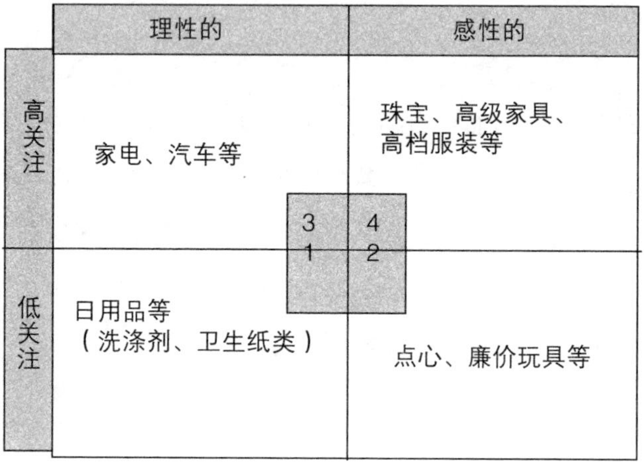

从下往上，从左至右，通常就是品牌价值的体现。*FCB栅极（Vaughn、1986）的翻译部分使用的是我个人翻译

1为关注度较低的理性产品代表，以洗涤剂为例，即为功能性得到认可，用于日常消耗的产品类。

2为关注度较低的感性产品代表，以点心为例，即为日常消耗的兴趣物品类。

3为关注度较高的理性产品代表，以汽车和电视为例，即为重视功能，会反复考察后再进行谨慎投资的产品类。

4为关注度较高的感性产品代表，以珠宝和高级家具、高级品牌时装为例，即为能获得极大情绪性满足感的产品类。

如果以图中纵轴大致将产品进行分类的话，“关注度较低”的产品与关注度较高的相比，其商品化程度更高。原因是关注度较低的商品通常都是日常消费的产品类，而这种随意消费的产品的替代性很高。

如果以图中横轴大致将产品进行分类的话，“理性”产品比感性产品的商品化程度更高。原因是适用于理性判断的功能方面的评价更容易定量化，也便于比较，所以只要顾客认为满足功能性需求且足够廉价，就很可能选择它成为替代产品。

此外，商品化程度较高的产品是更适合市场营销2.0的产品类，但同时很容易出现市场饱和，也容易陷入难以进行差别化处理的困境，也就是所谓的市场更容易成熟。

■ 从“商品化”到“品牌认知”的发展

因此，我们来探讨一下对于商品化程度较低（不太容易取代）的产品的认知。

其一就是品牌认知。

在FCB栅极的所有象限中都有品牌存在。当然，越是往下和往左的品牌越有可能被取代，只有得到某种程度的品牌认知才能确保其优势地位。

我们来详细了解一下商品化程度降低的“品牌”认知。

2. 品牌管理与品牌（在STP、4P基础上，市场营销进一步进化）

■ 品牌与品质

所谓品牌，就是指在想起某种产品或服务时，**消费者能对固有价值有所认知。**

这种价值包括**品质价值**（也就是所谓的national brand等），**传统价值**（老字号品牌等）、**文化价值**（与生活方式相结合的品牌）、**造型价值**（服装品牌等）、**羡慕价值**（代表身份地位的品牌）等等，不过实际的品牌往往含有其中多种要素。

■ 品牌与差别化

品牌（或者品牌化）与差异化的区别在于诉求方式。差异化主要是向顾客表明产品的具体效用来达到推销目的，而品牌（或者品牌化）则是让顾客认知具备固有价值的物品，从而让其永远选择该产品。

进一步明确其区别的话，那么差异化就是“与其他公司的主力商品进行比较，体现本公司商品的优越性”，而品牌观点则是无需与其他公司进行比较，仅通过展示本公司品牌来让顾客接受并选择本公司产品。

■ 高品质印象与满足感

这种做法能避免让顾客进行功能性条件的比较，从而可能避免暴露于比较性目光中的商业化横向竞争。

当然，如果顾客想要购买高级皮包时，也会产生在路易 · 威登或爱马仕之间进行选择的竞争关系，但实际上，与其说顾客是在比较其品质本身，不如说是在考虑哪一种更适合自己（当然，品牌也会对市场流行或变化进行分析，但主要用于确认企业品牌的统一感和今后的发展计划，并不会让自己去适应市场动向）。

■ 针对品牌印象的消费（提升可见的满足感）

也就是说，品牌方在构筑和推广本公司品牌时并不会给顾客直接的性能提示，而是让顾客得到更为抽象的满足感。

比如对“了解高级品牌并穿着它的我”产生的满足感。以FCB栅极来说的话，偏向于右上方。

■ 品牌衡平法战略

STP/4P的方法是让顾客从零基础开始横向比较功能的便利性和主观满足感，以此做出取舍（更为直接的市场营销）。

而品牌企业则是让顾客了解以下价值，然后从排他性的选项中，或者是非常有限的品牌中进行选择购买（更为抽象的市场营销）。

认知性

知觉品质

品牌联想

品牌版税

活用并发展这些要素的过程被称作品牌衡平法（品牌资产价值）战略。

■ “丰田”是品牌吗？品牌与品牌化

如果要问“丰田”是否是品牌，恐怕绝大部分人都会回答YES。它是拥有一定水准以上的品质，在汽车销售方面广为人知的制造商。

丰田（法人品牌）拥有多种高级车种，雷克萨斯系列就是其中之一。而我认为雷克萨斯也是品牌（产品品牌）。

品牌就是体现产品品质和等级的某种明示信息，将其用“标志”来表现的功能。以丰田汽车为例，它物美价廉且拥有多个不挑选乘客的BASIC语言设计型车种，不易发生故障，形成了日本车代表性标志。

而这种信息会给购买丰田车的人以巨大的安心感。尤其对于不知道如何选车的新人来说，丰田是会让他们感到“应该没问题”的车类。而如果是长期驾驶丰田车的使用者，会在不知不觉间理解丰田车所追求的设计思想，所以即使购买新车型也不会有任何不适应感。

从这一观点来看，“品牌”确立后在面对顾客选择时会十分有利。如之前所说，像这种实际的有利价值的总称就是所谓的“品牌衡平法（品牌资产性价值）”。

为提高品牌衡平法（优于其他企业）而制定的措施被称作品牌战略。品牌战略是市场营销2.0中非常重要的要素。

前章中提及的哈雷在被美国本田摩托抢占市场后，开始致力于品牌化。

作为大型且复古的奢华型摩托车企业，哈雷尽心竭力地为车手提供交流场所等，让顾客在得到极高的生活品质满足感的同时默认其是趣味性品牌，构筑高档地位，从而使利润达到本田的商品化摩托车的两倍。

哈雷这一品牌在迂回曲折之中终于成功实现了自己的品牌化。

■ 丰田的“普锐斯”项目

丰田在1990年之前就已经作为商品化的汽车品牌获得了极高的认知度。它在性能和安全性方面被公认为性价比较高，且便于驾驶，因此生产销售的产品完成度都很高。

而丰田的优势会成为国内外汽车制造商所效仿的目标，并逐步缩小差距，这也是绝大部分产业的必然趋势。

丰田在进入1990年代之后，为了制造能体现“21世纪汽车”理念的产品，启动了机密项目（G21项目）。该项目最终推出了“普锐斯”这一车型，而它让很多人都认为这是改变丰田以往形象的转折点。

提起丰田，我们首先想到的就是“改善”吧。通过反复地尽力改善来维持丰田车的品质，这一点应该是相关人士和顾客都能切实感受到的。

但仅凭“改善”很难让普锐斯诞生。

实际上进入90年代后，“推崇大量消费”的价值观逐渐被动摇，人们开始意识到自己对地球环境造成的负担。以内燃机为引擎的汽车制造商遭遇了大量抵制，由此也自然产生了危机意识。

在此情况下丰田提出了“21世纪汽车”的理念，并从一开始就设定了“在不损害汽车操作性的前提下，提高50%燃料消费率”的目标。该目标很难达成，据说最初设定的是汽油引擎（D-4直喷引擎），但项目负责人（最高责任者）却提出：“提高燃料消费率的目标不是50%，而是100%，如果不能实现的话，项目即刻解散”。而仅通过“改善”汽油引擎是无法达成目标的，项目组成员被逼到了绝境。

于是他们临机一动，想到了将电力发动机与汽油引擎组合而成的“混合型”，并以此为模型制作出了用于销售的车型。这在外行人看来也是难以想象的艰苦过程。

据说开发费用也十分惊人。有说法称新型汽车的开发需要400亿到500亿日元，也有人认为普锐斯的开发费用是一般新型汽车的两倍以上。而且由于丰田也有小型车，很难将开发费用转嫁到价格上。在该车型推出时，大多数人认为这不过是实验性车种，无人敢断言它会成为将来丰田的支柱型车种。而且由于采用了新技术，所以完善化也需要一定时间。虽然初期模型被不少人评价为具有工艺先进性，但被问及是否想要购买一台自用时，很多人则表示并非一定得要普锐斯不可。

正如大家所了解的那样，如今普锐斯最终获得了收益性的成功（至2013年3月末为止，普锐斯的累积销售台数为293万辆以上，丰田的混合车一共销售500万辆以上，与2012年的丰田混合车比例占国内的40%，达全球14%）。回想当初，这其实是个极其冒险的挑战。而对于是否应当开展普锐斯项目，丰田最初其实并不是出于收益方面的考虑。那么究竟是什么原因促使普锐斯诞生的呢？

■ 普锐斯所带来的丰田品牌的“品牌化”

汽车的燃料消耗会影响自然环境。这是人类的交通工具从马变为T型福特车后的必然宿命。而随着地区人口的持续增长，经济新兴国家也开始了经济发展，汽车用户不断增加。

于是各大汽车公司纷纷进行市场营销，通过贯彻定位图来力求顾客购买哪怕只比对手企业多一台的汽车。而随着产品性能的提升，汽车用户本身也在增长。

不过这也导致对自然环境的影响进一步加大，波及不相干的领域，造成不必要的牺牲。这一责任显然首先得由领头企业来背负。

要逃避这种责任，从某种意义上来说非常简单。但如果有人表示：“没有汽车根本无法生活，也正是也汽车普及化才实现了经济发展。难道你真能过没有汽车的生活吗”，恐怕很难反驳吧。

但这依旧很容易给人带来难以言喻的罪恶感。

既然无法逃避，那么就只有直面其本质了。作为领头企业，自然得从当事者责任的角度去认真思考汽车与自然环境之间的问题。并且不能只凭想象，更要从实际产品中找出解决之法。传递出这种信息的汽车制造商显然就能抓住在意排气影响的顾客的心，从而理解丰田所有产品、企业活动以及丰田的存在意义。

对于基本同样的车型，顾客会倾向于选择注重环境问题的企业产品，这种想法并不奇怪。通过普锐斯项目，丰田确立了“认真面对环境问题的先进汽车制造商”的品牌形象，从而成为了顾客优先选择的品牌（顾客的购买判断识别），其价值恐怕远高于昂贵的开发费用。

3.品牌化的界限

然而，即使普锐斯（G21项目）获得了成功，也并不意味着一切都一帆风顺了。品牌化永远是伴随着巨大风险的行为。

首先，品牌的构筑是由相应的资金与时间累积而成。以丰田为例，丰田品牌是由其优良的品质和持续性的品质改善这一事实为基础。顾客对该品牌的评价也绝非一朝一夕能形成。

■ 品牌构筑需要大量资源

如果进行与品牌评价截然相反的品牌化行为的话会怎么样呢？比如将普利斯项目的核心，也就是混合引擎系统在品质尚未完善时推出市场的话，那么无论其想法多么先进，丰田也必定会在此新品牌化中遭遇失败。“原来丰田是这样的企业”，一旦评价降低，丰田以往所构筑的品牌形象也将烟消云散。

■ 流行变迁可能带来“负遗产”

如果以服装品牌为例，大多展现的都是其材质品质的优良性和高设计性，如果进行廉价推广的话，反而有可能损害品牌价值（**品牌价值较低=Dilution**）。此外，太过于顺应主流的流行趋势的话，当流行风向转变时，该品牌印象就有可能变为“负遗产（Legacy）”。这时可以选择痛下决心改变品牌的商品化形象，但放弃持续性印象对于该品牌而言（品牌衡平法方面）可能会带来极大的风险，所以也是令人头疼的问题。

通过这些简单回顾我们能够看出，品牌与品牌化的运营管理难度极高。

品牌构筑是超越于STP/4P之上，创造出能让顾客自主选择的积极价值，因此需要大量时间与金钱的资源，并且在构筑成功之后还需要继续考虑下一步发展，便于将来继续拓展市场，很难一蹴而就。

不少公司或企业在收购某品牌后也不一定能将该品牌成功推广，这一事实也印证了以上说法。

第6章

『市场营销困境』的暴露与克服方法

1.“市场营销=销售机制化”论的界限

随着市场营销的手法日益普及，顾客也开始了解这一手法，从而必然导致他们会进行更为理智的消费行动。

对于商品化产品，顾客会选择更为廉价的东西。此外，针对带有附加价值，进行了“差别化”处理的高价商品，顾客则会以更为严格的目光去思考“我是否真的需要它”。

在这种“市场营销成熟化”的状况中，如果进行简单粗暴的市场营销只会产生反效果。

比如过于热情推销反而会让顾客认为“这不会是滞销商品残留的库存货吧”“这应该是手续费很高的商品吧”，从而产生“销售方有所图”的错觉。

此外，还有顾客会看出“销售者是将我划分于这个区域来介绍产品的吧”，（如果事实并非如此，先暂且不提）因此降低购买意愿（比如便利店等地的POS系统收银台有划分性别年龄的键，如果这被顾客偶然间看到的话，一旦对此键位的分区感到不快，可能就会从此远离该店）。

如果是因为职业原因熟知市场营销手段的人，往往会更反感销售者的战术。

突出长处，隐藏劣势，当人们熟悉这种巧妙的市场营销惯例之后，反而有可能让顾客察觉“这种商品的弱点原来在这”。

至此，即使依旧贯彻“重视顾客”的座右铭，但作为销售者的本质理论性基础的市场营销却遇到了瓶颈（**重视顾客的销售者理论开始出现矛盾**）。

购买者可能会认为接受销售者的市场营销对自己不利。怀着“零和博弈论”思想的高额消费者更容易产生这种疑虑。这一状态被称作“市场营销的困境”。

因此也可以选择不做任何营销。不过在此我们还是探讨一下是否有其他的市场营销可能性。

■ 从交流的视角来考察市场营销

由于直接销售商品的市场营销遭遇了瓶颈，于是逐渐形成了将市场营销看作与顾客之间的交流的趋势。

当然，交流视角的市场营销在市场营销2.0的时代也很受重视。比如利用大众传媒做广告宣传和进行问卷市场调查就是典型的例子。通过分析问卷调查的结果来推测宣传效果，并作为之后市场营销的参考，基本来说还是在等待顾客购买。

不过随着市场营销瓶颈的日益明显，今后的市场营销（3.0）的重点将逐渐偏向交流，这也是与2.0最本质的不同。

市场营销2.0是由企业告诉顾客“正确答案”（告知顾客应该购买什么商品），或者是由顾客告诉企业“正确答案”（了解和调查顾客想要购买什么商品）。但在市场营销3.0中却是预先设定这两种情况并非正确答案，从交流的角度去一探究竟。

为了让大家能更明确地理解3.0，在此稍作详解。

■ 参考“周哈里窗”，思考ABCD模式

心理学中有名为“周哈里窗”的模式，我们参考此模式，用图表来进行视觉性的说明。“周哈里窗”解释了处于交流中的自己与对手的立场，不过在市场营销的环境中，我们将“自己”替换为“企业”，将“对手”替换为“顾客”。

●A状况为企业明白自己能提供什么，以及顾客了解自己想要什么。

		对手（顾客、消费者方）	
		了解（已知）	不了解（未知）
自己（企业方）	了解	A 企业明白自己能提供什么，以及顾客了解自己想要什么（无需市场营销）	B 企业虽然明白自己能提供什么，但顾客却不了解自己应该购买什么（市场营销・宣传）
	不了解	C 企业不明白自己能提供什么，但顾客了解自己想要购买什么（市场营销・调查）	D 企业不明白自己能提供什么，顾客也不了解自己想要购买什么（需要新的市场营销）

纵轴为本公司（的管理者），横轴为消费者，通过各自的状况来表现市场营销方式的不同。A领域的状态是长期运营的企业交易的典型。B领域

必须进行市场营销宣传，C领域必须进行市场营销调查，D领域的开拓则是今后市场营销的课题之一。

●B状况为企业虽然明白自己能提供什么，但顾客却不了解自己应该购买什么。

●C状况为企业不明白自己能提供什么，但顾客了解自己想要购买什么。

●D状况为企业不明白自己能提供什么，顾客也不了解自己想要购买什么。

A总之在企业与顾客的关系中，如果企业与顾客彼此了解，那么在市场需求方面也就不会存在问题。

如果企业知道顾客想要什么，而顾客也了解能提供自己所需产品的企业，那么供给与需求就不会发生冲突，不过在现实中，这种情况极少出现（仅限定于黎明期或是特定区域）。

再来看B也就是企业了解自己但顾客不了解自己的状况，于是企业方必须积极地进行宣传推广。简单来说，也就是所谓的“营业”领域。

然后是C如果企业不明白自己能提供什么，但顾客了解自己想要购买什么的话，企业则需要进行市场调查。

接下来我们详细探讨一下这种情况。

2.以ABCD模式思考市场营销2.0～3.0

B需要消除顾客对商品的认识不足，C则需要顾客告诉企业你所想要购买的究竟是什么。B与C都属于企业与顾客之间出现了隔阂，于是需要解决这种彼此认知不平衡的状态。

在B情况下，由于信息不对等，企业要对顾客进行说明，例如“你还不了解这个产品”“还有这种产品”“还有这种使用方式”“请从这个角度了解商品特性”等，让顾客恍然大悟“啊，原来还可以这么使用啊”。也就是让顾客脱离一无所知的状态，了解企业的一切。通过填补这一漏洞来提高销量的思维方式就是所谓的宣传推广。

那么在C情况中，企业该如何与顾客交流呢？此时就需要进行市场调查或问卷，不耻下问：“请告诉我你喜欢什么，因为我不了解，也不知道该怎么做”。

比如在时尚界领域，如果青少年们认为“找不到自己想要的衣服”，企业就可以试着询问“你们现在流行什么？请告诉作为制造商的我们（然后我们会为你们制作）。”

B和C都是需要尤其注意STP的阶段。B处于要强化4P，尤其是推广的状态，C则处于要将重心放在市场营销调查方面的状态。

■ 推广与调查之间的平衡

如今日本市场整体的预算分配中，推广预算一年约6兆日元，调查预算则为2000亿日元。也就是说，调查预算仅为推广预算的30分之1。考虑费用带来的效果的话，根据用途的特性不同，效果会有所不同，也难以断言基础金额，不过从企业与顾客之间的交流平衡来看，大致情况是“告知顾客”要多于“倾听顾客的意见”。

即使在市场营销2.0的状态中，也是“问”多于“交谈”。

■ 针对D领域的方法

市场营销3.0有针对企业与顾客彼此都不了解的领域，也就是D领域的方法。而目前引发的争论是，这方法是否是必要的。

当然，无论多么优秀的企业家都难以断言“市场营销2.0已经尽善尽美”，于是普遍意见是尽力贯彻市场营销2.0，尽量使状况不至于发展到D阶段，努力将其控制在B与C的领域。

但将目光投向D的理由很明确，其一是第5章中提过的商品化带来的低廉化和差异化处理瓶颈，另外则是本章开头提出的，由于市场营销出现了困境，只贯彻B与C的市场营销战略难以为继，并且丢失的市场越来越大。

P&G的措施等就是D的典型例子。

■ 作为市场营销2.0的优等生，P&G踏出了新的一步

P&G在提出“连接&发展”这一主旨后已经过了10年。

P&G是彻底实施STP的公司。作为走在市场营销2.0最前端的企业，它的下一个营销手段就是让顾客与企业进行联动，也就是“连接&发展”这一事例。这不是让企业单方面制造，而是请顾客参与协作，有时是自己制作竞争商品，有时还会和竞争中的其他企业一起制造商品。

以下是P&G在官网上公布的公司信息概要。

“我们采用世界上最聪明的人，创造并使用最棒的市场营销指南，在此基础上，我们曾产生过自以为了解顾客的傲慢之情，不过那个时代已经过去了，如今我们会和顾客、伙伴，甚至竞争对手一起进行项目合作”。

P&G以顾客也了解我们所知的东西为前提，如今已经创建了约50个项目（连接&发展）。在美国日用品市场中占有压倒性份额的P&G花费了巨额市场调查费（3.5亿美元），在日本市场也投入了20%左右的市场调查费，但依旧发现今后的产品开发前景堪忧。这种状况也正是市场营销2.0逐步往3.0转移的象征性事例。

■ P&G的措施

让我们来看看P&G在1990年代后是如何逐步从市场营销2.0往3.0转移的吧。P&G是严格贯彻了从STP到4P的市场营销2.0的企业。

但即使是P&G也不得不开始面对以定量分析为中心的市场营销2.0的瓶颈。

其原因是将顾客像以前那样划分到明确的细分市场范围内变得越来越难，比如单独的一个人往往会在各种情况下跟随大趋势来模仿其他人的行动。

此外，问卷调查等传统型市场调查手法虽然能帮助企业掌握顾客的表面需求，但很难了解其潜在需求。

今后市场营销的世界中将会用到“INSIGHT”这个词。“INSIGHT”直译为“洞察”之意，在市场营销中则是指“顾客本身也尚未察觉，且难以用语言表示的（能够实现商业化的）潜在需求”。P&G发现了它的重要性。

要弄清“INSIGHT”，单纯靠搜集各种样本并对其进行归纳分析的市场调查已经落伍，必须寻求另一种方式。而这种方式的重点不是在纸上或电脑上加工而成的数据（二次情报），而是与顾客的直接接触（一次情报）。

比如亲自去特定产品的购买现场或使用现场，通过观察顾客得到第一手信息。

P&G从1990年代后期也开始逐渐增加了让公司员工亲临卖场和使用现场的机会，从而获得一次情报。在了解顾客之后，与顾客一起前往购买地或使用地，直接观察顾客行动，有时还会直接进行现场采访。

通过这种手段，P&G才发现美国和墨西哥主妇的洗涤剂使用方法原来有所不同，于是不仅针对产品，还对包装都进行了改善，以方便当地人使用。

■ “连接&发展”

让我们具体看看P&G是如何通过与顾客和外部的合作来进行产品开发的吧。P&G的产品中曾有过“旋转电动牙刷”这一产品，它是冲牙器（刷牙、牙刷相关）的核心商品。

但1990年代后期，冲牙器部门中的电动牙刷其实是P&G的弱项。当时的P&G企业内部并不具备电器制品的技术知识。那时企业在偶然间听说外部发明家提出“为什么不将旋转球（旋转糖果的产品）技术应用于电动牙刷上呢？”。

以此为契机，P&G推出了“旋转电动牙刷”并大获成功。之后，旋转电动牙刷创造了近10亿美元的业绩，这也是P&G第一次感受到外部资源的实用性。

接着再给大家介绍一个事例，主角是薯片商品中有名的“品客”。这一领域也是难以对核心特性进行差异化处理，P&G虽然想利用印刷技术对薯片进行图片和文字的差别化处理，但仅凭企业独有的技术很难尽善尽美。于是P&G决定利用世界性网络探索外部技术，并很快发现意大利的某乡村大学发明了在意大利面上印字的技术，于是导入该技术并运用于商品中，由此获得了成功。

通过这些事例，P&G的产品开发变得更为开放，更加重视与外部个人或组织的合作。

2003年，拉斐尔CEO正式将“连接&发展（C&D）”纳入正式的企业战略。其含义就是结合本公会技术与外部技术（connect），开发新产品（develop）。不仅运用市场营销2.0中的研究开发（R&D），更进一步探寻3.0时代中该如何实现连接与发展。

■ 与C领域不同，针对D领域的市场调查手法特征

纯粹的问卷调查（以及相关归纳分析等）当然还会用到，但最近常用的却是**“行动观察”手法**。我认为这是尤其适用于D领域的方法。

“你喜欢哪个？左边还是右边？”被问及这个问题的话，大部分人都会回答某一边的吧。企业事先当然不知道顾客会选择哪一边，回答的人也并非完全了解之后再做选择，反而通常是一头雾水。在为其做商品说明之后，顾客可能会恍然大悟“啊！原来如此”。那么他们是如何做出选择的呢？通过观察这一点就能向D领域前进一步（行动观察的手法正式引入日本是在2000年之后）。

此外，从顾客言语之间窥探真相，或是从网络中让顾客尽情发言，观察者再从中寻找线索。这就是所谓“Marketing Research Online Community”。我们不将其称作“问卷调查”，它更像是

从高处俯瞰众人围坐闲聊。这种方式也就是充分意识到D领域之后所采取的手段。

关于市场调查手法的具体介绍会在第8章中重新进行说明。

Q&A

如何取得市场营销2.0与3.0之间的平衡

——市场营销2.0止步于C阶段，要发展之后的手段则必然逐步进入D领域，但贯彻B中的PR和C中的市场调查也是非常重要的，甚至有意见认为不踏足D领域也可以。

的确，彻底贯彻B与C领域的方法也算是非常先进的手段。最近推广（B）与市场调查（C）之间的边界更是日益模糊。也就是说，在对话中了解顾客对商品和企业活动的意见，希望能通过“如果这么做就好了”这类对话来提高顾客对品牌的信任感等。通过加深彼此的了解，逐渐填平认知隔阂，在重复进行B与C的交流中达到更为深层次的A领域。

与此相对应的是，针对D领域的方法则截然相反。它是顾客与企业均处于迷茫状态时彼此一同寻找能够双赢的方法。

如果说市场营销3.0其实很简单的话，其原因也就在此。如今很多企业都已经将目光投向了D，不过由于D目前仍处于不明的状态，对于应该选择怎样的方法，也开始有各种讨论。当顾客不知道自己想要什么的时候，企业是否能提供让他们满意的产品也是未知之数。这也是理所当然的担忧。

前述P&G的事例也表达了一个意思，那就是让企业和顾客一起探索D领域的新产品。

■ 在D领域发现“蓝海”（Blue Ocean）

当我们第一次看到iPod时，许多人为其崭新的理念和设计而惊叹。而它作为前所未有的新产品，居然会让顾客瞬间产生想要拥有它的念头，这难免有些不可思议。当人们看到它的时候，会不由得产生“为什么之前都没有类似产品”的疑问。我认为这就是接近于D的感觉。

根据“蓝海”的脉络可以对此进行说明。顾客从未见过的，充满魅力的未开发市场（Blue Ocean）在这种定义下很容易出现在D领域中。

而D领域的特征是难以被模仿，因此在一定期间内，产品都能在该市场占据极大优势。

相反，在B与C领域中，无论如何贯彻与投入精力，只要各竞争企业在明确的地盘内展开胜负之争，市场就很容易红海化（Red Ocean）。

■ 蓝海战略的定义

所谓蓝海，简单来说就是指“非竞争市场”，是与残酷竞争市场（这被称作Red Ocean“血之海”）相对应的概念。

蓝海是新开辟的市场，市场内没有新的经济改革和措施，并且难以陷入价格竞争，可谓是宛如能在大海中自由畅游一般的商业区域。

与此相对的，红海则是极其陷入价格竞争的严酷市场。而容易被模仿的商品即使属于新市场，也会很快被红海化。

蓝海也有可能随时被红海化。发现蓝海，并在发现它之后继续保持蓝海状态，这是市场营销的一大主题。

■D领域中必要的是“天才的直觉”还是“对话的开放化”

此外，针对D领域的方法不止一种，其中就包括“天才的直觉”这一方法。

譬如苹果公司的史蒂夫・乔布斯就拥有能准确定位人们梦寐以求的产品的直觉。

事例之一是90年代后期，回到苹果公司的乔布斯立刻着手开发名为“iMac”的一体机。据说为了集中资源，甚至暂停了其他正在开发中的PC。而在此情况下，也有企业高层对乔布斯进言，声称根据市场营销调查的数据显示，一体型PC很难销售。

然而，乔布斯却淡淡地表示：“我不记得有委托你们准备市场营销的资料。如今我们只需要专注于制造我们想要制造的东西，也就是今后将轻易连接整个网络世界的个人电脑：iMac。”也就是说，乔布斯根本不在意一体型PC的分区，只是专注于如何创造前所未有的新产品。

iMac最终完成并获得了极大成功，从而将苹果公司从财务危机中解救了出来。

3.“对话型方法”的必要性

乔布斯这样杰出的人才毕竟屈指可数，那么企业该如何挑战D领域呢？

自认不是天才的企业家所采取的正统市场营销3.0方法被称作“对话型方法”。这些企业不了解新的需求，而顾客方也不清楚自己想要什么，双方在此基础上协同合作，也就产生了“一起探寻新事物”的方法。

这一方法的起点是将企业与顾客放在对等的立场。通过“如果有这种东西的话我可能会想要购买”“我们也许能制造这种产品”等交流对话，让无天才坐镇的（也就是极其普通的）企业逐渐从市场营销3.0中找到隐藏无数潜能的方法。

■ D领域是未来目标

本书的前半部分曾说过，市场营销就是最大限度地利用有限资源的方法。将其进一步延伸的话，就是只要能定义主要条件，就能追求效率。但如今，对于究竟该以什么为目标经常是众说不一，这时针对效率性的定义就进入了另一个阶段。

大多数日本企业都有各自的疑惑。既然不知道该往哪个方向发展，那么即使讨论效率，最终可能也只是白费功夫。

如果能明确今后的目标，针对目标做出调整，就能进行推广，或是当在AIDMA[①]的过程中遇到障碍时，能制定跨越障碍的计划。这就是思考，也是STP领域中确认过去数据后针对弱点进行改善的构想。

市场营销3.0中，目标性将达到未来领域，提供和开发前所未见的产品（进一步与顾客共享），也就是将涉及尚未存在的东西。

市场营销2.0领域擅长比较和分析过去与现在，但正因为擅长于此，于是越来越倾向于将时间投入这一部分，反而形成了心

---

① AIDMA是指①Attention<注意>②Interest<关心>③Desire<欲求>④Memory<记忆>⑤Action<行动>的略语，假设顾客会按照这一流程来决定是否购买。

理桎梏，导致难以诞生新事物。

当然，我们能从过去的数据与事例中总结有益的经验。以事实为基础，整理过去之大成，决定战略方向，从而得出成果。这是1990年代的MBA思维。但和市场营销一样，MBA也面临着困境。

具体详情可参考亨利·明茨伯格的著作《MBA摧毁公司》（日经BP社）等。原本应当思考如何使企业未来走向成功的经营学硕士，却在被过去的事例或成功经验束缚了自己，这实在是一种极具嘲讽意味的状况。当从过去学到的经验成为僵硬的规则，对现状的分析也带有必须承认现状的偏见时，就会造成反效果。

今后展望未来，将现实作为未来的基础的做法才是最先进的企业营销方式，而这也与市场营销3.0的发展方向密切相连。

■ 业种、业界的STP区别开始失去了意义

针对STP的界限所提出的直截了当的问题，以下都属于典型例子。

“迪士尼是什么，属于什么业种？服务业吗？苹果公司呢？

是制造业吗？那么iTunes Store和iPod呢？制造业？销售业？还是服务业？”

曾经属于客观分区典型的业种区分逐渐失去了意义。乔布斯在介绍自己公司PC时曾说过：“它是属于创造性人类的‘心灵自行车’（不用花费太多力气就能到达更远的地方）”，那么将苹果公司当做电脑制造商的人在听到这番话时恐怕难以理解其含义吧。

他对PC的追求并不是高规格，他的目标是在别的方面，例如用户在绘图时是否能用鼠标享受绘图的乐趣。极端一点来说，甚至是只为了顾客的这点乐趣，他不惜投入巨资。

当然，无论是企业内部还是顾客，都有人认同这种观点，也有人不认同。

这时，认同该观点的人共享价值观，不认同的人则往另一个更为重视效率的世界前进。

这并不是要断言哪一种才是正确答案，今后的时代由主观价值观来分区也将会有更大的影响力。

如今各种价值观混杂，业界的根基也开始动摇。例如曾经以“效率性重要”“经验重要”这一顺序进行判断的方法也逐渐不奏效了。

共享价值观的人可以聚集起来彼此协作，制造产品和服务。而这一方法论是曾经的STP那墨守成规的风格所难以实现的，也许你们已经从最近的市场营销相关讨论中感受到了这一点。

针对D领域的方法与市场营销3.0的流程也是这一方向的延伸，在各种必然经历的错误尝试中逐渐摸索成形。

■ ABCD模式与全企业战略（人才获得）

源于ABCD模式的构想被先进企业用于选拔人才时的分析。在图表21中，A为不会引起太大问题的简单状况，或者说是被采用状态。B则是企业方提出“你能在我公司做什么”或是“你能做什么”，然后采用能满足条件的人。C则是对极其优秀的人表示：“如果你所擅长的技能暂时不能用于本公司的话，你有什么看法？”无论企业是采用还是放弃此人，都能得到关于自我公司的分析评价。在D领域中的人才采用方法首先是和对方一起考虑究竟能做什么。

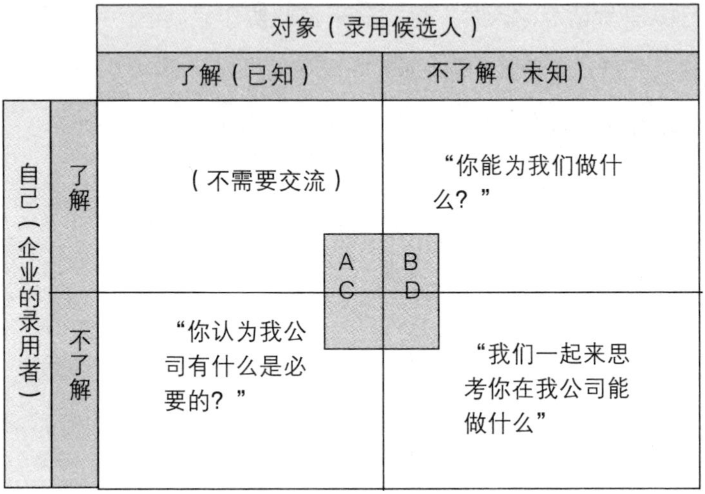

将ABCD模式应用于人才获得中（A为已经了解的人）。在人才录用的交流中，B→C→D的流程是逐渐变化的。D的手法大多是更为先进的企业挑选优秀且独特的关键性人才时使用。

它的最大特征是不考虑雇佣者与非雇佣者之间的关系，也就是将企业与个人放在平等的立场上，以同样的视角去思考“对社会能有什么贡献，该如何才能做出贡献”。不过这一水准的前提是要有超出B与C所要求的压倒性能力。

第7章

针对『主观满足感』的具体方法（深入市场营销3.0）

1.针对STP无法满足的“主观满足感”的方法

■“（含品牌的）高性能信仰”的界限与针对D领域的方法

传统型企业在追求产品开发的安心感时，往往只要品质好就满足，这种倾向之前也提及过。

反向思维的话，这种想法让人强烈地感觉到它依存于“只要我觉得好，那么你也一定会满意”的固定概念。

但现实绝非如此，因此（顾客与企业间）产生隔阂，最终导致商品不被市场接受。

简单来说，也就是指客观部分（性能方面等）与主观部分（个人满足感），而这在市场营销2.0的逻辑中，对于客观部分价值的执着能给企业带来安心感。追求任何人都难以反驳的客观事实，比如世界第一薄、快、轻、牢固等，让制造出的商品使人难以挑剔。并且这也与“业界no.1”的想法息息相关。企业往往会为此做出行动或推广，而从顾客方来看，也许会产生疑问：“这对我真有那么重要吗？”

不过，重视性能的倾向恐怕在某种意义上来说也是无奈之举。将其放在主观轴上来看的话，其暧昧不明的地方很多，也有各种不同的解释，这一领域很难制定指标性的明确目标。所以也许这方面的决定往往是先踏出第一步再做打算。

但在客观部分坚持到底，这一点也是如今市场营销诸多论题的大前提。

■ 比主观价值更受重视且更难以了解的市场扩大

当将市场营销放在主观层面来看时，就不得不面对诸多暧昧且多样性的解释。在这种状况下，企业很难单方面定义和掌控价值。

在以前的时代，由于情报不足或是了解不够，消费者方往往会倾向于顺从所得到的情报。比如利用电视广告或大众传媒反复播出企业名称和产品名称，迂回地呼吁顾客购买，这种宣传手法是行之有效的。但如今随着情报的获得日益对等，同样的做法反而可能造成反效果。如果顾客一直被灌输已经了解的资讯，就会产生被强迫推销的厌烦感。或者成熟的消费者会认为该产品花费了大量推广费，不想为这部分成本买单。

进一步来说，消费者方正越来越了解包括竞争企业在内的所有产品。顾客在网上调查自己想要购买的商品已经是常态，他们能准确掌握买方而非卖方对产品的评价。

在这种状况下，企业应当如何应对呢？这也是当今各种市场所面临的问题。

主观价值藏于顾客中。此时企业该怎么办？

要问主观价值究竟存在于何处？它显然由顾客与企业之间的关系性决定。这样一来必然导致无论什么业种都得从服务业的视角去看待问题。

此外，在“品牌”概念中，关于品牌的主观价值，最终企业能掌控的部分极少，它基本由顾客主观印象决定。在情报不对称的环境下，品牌的世界观不再像以往一样由企业独自控制了。

■ 思考“礼物的满意度”

以礼物为例，我们来想想如何才能令对方开心。

当得到真正心仪的礼物时，收礼物的人一定会由衷的高兴吧。

这是理所当然的。不仅如此，“对方了解自己”这一认知会令人加倍的高兴。这时所产生的某种心动和其行为远大于东西本身所带来的满足感，礼物本身是否昂贵倒并不是问题了。

要达到这一效果，首先要从过去的经验中猜测对方大概想要什么。这也就是市场调查的思维方式。当你想到对方过去曾说过想要什么时，对方也会为“你居然记得”而开心（C领域）。

这当然是不错的情况。但更进一步的话，凭借“虽然是第一次见到这个东西，但感觉那个人应该会喜欢”的直觉选择礼物，并且的确如自己所预想的一样，那高兴的程度又会翻倍。**这是与“他记得我说过的话”完全不同程度的满足感，因为这表示已经深刻了解了收礼物的人的主观价值观。**原本不可能预知的喜好却在现实中被人看破，这种直觉只可能在共享主观价值的前提下才会出现。这种情况也可以说是D领域才会发的事。

■ 迪士尼不以“效率性”为最优先的理由

在迪士尼工作的员工（公司内被称作“演员”）有需要的遵守的优先顺序。首先是（1）身体的安全，其次是（2）礼貌，接着是（3）表演，最后才是（4）效率性。在市场营销2.0的世界观中，效率性常常是第一位，而迪士尼却将其放在了第4位。

迪士尼的目标是保持永远完美的世界观，因此从其优先顺序也能看出它非常重视这些要素。如果首先追求效率性，则会导致远离这一目标，因为它和“梦与魔法之国度”的永远存续相悖。

■ 针对主观满足感的效率性

话虽如此，迪士尼的效率性却并不低，甚至可以说相当高效率。但重点是优先顺序的不同。迪士尼清楚效率性是非常重要的，但并不将其放在首位而是第4位，因为这对于满足来园者的主观价值观非常重要。

■ 世界观的共享（将价值观共享放在首位来考虑的消费）

●迪士尼采取的措施

迪士尼与其他游乐园有何不同呢？我们从迪士尼的创始人华特 · 迪士尼的话中寻找答案。

“欢迎大家造访这幸福的场所。

欢迎光临，迪士尼是属于各位的国度。

大人可以在这里回味以往，

年轻人可以在这里放飞对未来的挑战与希望。

希望这里能成为全世界的幸福与灵感的源泉。”

造访迪士尼乐园时，最先吸引目光的是以米奇老鼠为首的诸多角色，还有各种表演节目。

不过最醒目的还是被称作演员的工作人员（大多都是打工者）的动作和姿态。笑容、扫地、打招呼，这些举动处处都体现了迪士尼风格的待客理念。

我们来一窥迪士尼的后台吧。迪士尼贯彻对演员的教育，训练包括指导、所属部门讲座（Off-JT）以及调派地的实地训练。

训练中要求演员掌握的是SCSE行动基准。这并不是行为手册，而是在严守4点的基础上任由演员发挥。

迪士尼没有所谓的行为手册，它只提供4个行动基准，并按其优先顺序行动。

①Safety……安全

②Courtesy……礼仪周全

③Show……表演

④Efficiency……效率

首先第一要点是游客的安全。演员的行动要保证游客安全，并给他们提供安心感，也就是让游客产生身体和心的双重安全感。

第二则是保证礼仪周全和行为礼貌。将所有游客当做VIP，从对方的立场来做出真心的应对。礼仪包括打招呼、笑容、用词、眼神交流等具体的态度。

第三是表演。在园内只要能与游客目光相接的任何地方都是表演场地，并且每一次演出都要当做第一次来表演，从后台走向园区的演员们都怀着走向光芒四射的舞台的心情。

最后才是效率。在遵守了之前所述的3点之后再谈效率。虽然大部分商业活动中，效率常常被放在第一位，但迪士尼的特点却是将效率放在四大行动基准的最后。

这是为了让顾客（游客）体验最棒的迪士尼之旅而采取的措施。

华特・迪士尼曾说过：

“将过去的所有都当做彩排，正式演出现在才开始。

为以往的荣光而自豪的人请忘记过去。

因为一切才刚刚开始。”

随着时代的发展，迪士尼的“服务”也在持续进化，这也确保了其世界观的稳固。

传统型STP无法满足主观价值观。那么什么才是重要的呢？

这是科特勒所说的“市场营销3.0”的**“愿景”（VISION）。所谓愿景，简而言之就是指“世界观”**（这与“经营理念”不同）。迪士尼的愿景（世界观）使其不会将效率性放在第一优先顺位。其高度的效率性不过是实现迪士尼愿景的手段之一，最终是为了满足来园者的主观价值观。

在重视主观价值观的市场中，究竟什么能畅销？

迪士尼公园内也有云霄飞车。单从硬件上来看，它与其他游乐园并没有太大区别。此外，其他游乐园也能出售角色周边商品。那么迪士尼究竟与其他游乐园有什么不同呢？

也许很多人会说，迪士尼的演员（工作人员）服务质量好。这倒也没错。但也有论点认为，其他游乐园也有可能达到迪士尼演员的素质。

在迪士尼，工作人员和被称作游客的来园者之间共享一个世界观。

当然，随着时代发展，它也会有所改变。只是从本质上来说，有些东西是永远不变的。当我们看到迪士尼以前的影像时会发现不少外观都和现在不同，但即使如此，我们也不会觉得那不是迪士尼。从这种意义上来说，迪士尼的世界观一直存在顾客心中，当然也保留在提供这个世界观的迪士尼内部。通过迪士尼乐园这一场所将其现实化，从而给人带来愉悦的体验和满足感。

从这一点也能回答“人究竟会买什么”这个根本性的问题。它就是在市场营销3.0中能满足主观价值观的“良好体验”。

2.“社会贡献型满足”（从解决社会问题中产生满足感的消费者）

在满足主观性的方向摸索中，近年来备受瞩目的是“社会贡献的实践”。由消费行动来降低自然环境负担或是解决社会问题这一类消费活动会给消费者带来某种程度的满足感。越是重视自然环境负担和社会问题的消费者越有这方面的倾向，并且在消费者高度成熟的市场中尤为奏效。

第5章中提到的丰田混合车型“普锐斯”就是以重视自然环境保护的高层顾客为中心。而当其价格与性能推广到更为洗练的一般车种中之后，那么更普遍的消费者也会产生“还是驾驶环保型汽车更舒心”的想法，从而选择环保车。或者即使不购买环保车本身，也会间接地对制造环保车的企业产品更有兴趣，在购买时感到更为愉悦，于是为企业带来更广泛的消费者。

通过消费“参加”社会贡献，从中得到的满足感是非此类消费难以给予的，有的人（关注自然环境负担和社会问题的人）非常重视这方面的价值，并且普遍而言，在成熟社会的成熟市场中，全体人类对于这方面的倾向性都在逐渐增强。

像这种提供“**社会贡献型满足消费**”，典型例子有名叫“富维克”的法国产矿泉水。

富维克从2007年起就与联合国儿童基金会合作推出“1L for 10L”的宣传活动。其宣传内容是只要购买富维克就能为难以获得安全而清洁用水的贫困地区提供捐赠金。富维克会以这笔捐赠金给当地送水，每消费1升水就送去10升水，这也是该宣传活动的名称由来。

联合国儿童基金会是以“保护全世界孩子的生命与健康”为目的的联合国机构，一直致力于解决在难以获得清洁安全用水的地区长期威胁孩子们生命的卫生环境问题。而富维克则通过让消费者购买“水”（本公司产品）让他们在消费活动中实际感受到地球上还有那种贫困地区，以及10倍于自己所购买的水将被送往该地区，以此帮助联合国儿童基金会。

消费者在消费所购买的水（富维克）时，也能想象到当地的孩子们使用10倍水时的喜悦之情。此外，这也有可能让他们产生“共享水的感觉”，由此重新审视水的珍贵。

消费者的这种心情不仅能给联合国儿童基金会带来好处，也对生产矿泉水的公司十分有利。消费者选择能对社会做出贡献的消费则意味着他重视该公司的商品，从而利于企业进行更本质的推广。

拥有食品、洗涤剂等世界性商品的联合利华选择了另一种方式来解决贫困地区的水资源问题，那就是共同开发廉价且高品质的净水器。此外，它还通过广发征集对环境影响较低的包装和洗净方法、饮料水的生成、新型食品保存法等好点子，以及在本公司技术不足时和其他企业合作，来表明自己积极推动保护环境和解决社会困难相关活动的决心。

社会贡献型满足（从解决社会问题中产生满足感的消费者）

■ 联合利华的措施

联合利华的目标是利用企业这一平台来解决社会问题，不仅动用企业本身，还联合周围的股东共同推进该目标。

Pureit这种低成本净水器在印度、印度尼西亚、孟加拉共和国等地区销售，而这就是由联合利华与印度的Tata集团、Ernst & Young以及其他环境相关的公共机构共同开发的。

联合利华的目标是在降低环境负担的同时将公司销售额翻一倍，为此于2009年在网络上成立了开放的平台，这也是通过将公司技术与外部网络相连接来解决社会问题和环境问题，并提高公司销售额的步骤中的一环。

联合利华向外公开募集的具体事例包括降低环境负担的包装和洗净方法、饮料水的生成、新型食品保存法等。目前公司开发中的产品有6成都是通过利用开放的平台与外部共同开发。

联合利华连续2年高居了Corporate sustainability持续性成长企业排行榜的榜首。

■ 市场营销3.0中日渐重要的“元认知”

如之前所介绍的一样，顾客（消费者）如今不再只追求商品和服务的性能和价格，开始考虑其消费本身的意义了。在此背景下，在价格与性能方面有过剩的产品可供选择，而顾客的思维也从“选择好的商品”变成了“自己购物究竟是为了什么”。思考“为了什么”以及商品与自己的关系就是“元认知”的第一步。

市场营销2.0的脉络可参考西奥多·莱维特的论文《市场营销短视症》（1960年发表）。比如客人想要买钻头时，购买钻头本身并不是目的，而是手段，购买钻头用来打孔才是目的。而如果想要打孔，有可能是想要建造小屋。这时打孔就成了手段，建造小屋才是目的。

如果继续追究为什么要建造小屋，得知其目的是收纳更多的东西时，那么建造小屋又只是手段了。

为了解决某个问题，有人会购买钻头，有人会准备用来打洞的木材，也有人会建造小屋，也有人会准备更多收纳箱，还可能会有人建议“你存放的东西太多了”。

像这样从高处俯瞰手段与目的之间的关系后会发现，当事者所想的事不过是单纯的手段。这种构造一般被称作“元认知”，但当事者本身往往很难注意到它。

以上是以问题解决型的典型例子来进行说明。在市场营销2.0中，我们可以将其明确地解释为从负到零的方向发展，但在市场营销3.0中又该如何解释呢？

3.前所未有的便利性体验（蓝海战略）

以元认知的思维方式去考虑顾客与企业都没见过，但有可能带来前所未有的便利性的东西的话，结果会如何呢？

比如格拉汉姆·贝尔的电话和托马斯·爱迪生的电灯之类的“发明”都属于此类产品。它是从未出现过的东西，但一旦出现就会给人带来极大的便利性。

即使不是像这样历史性的伟大发明，仅加入一点创意就能带来前所未有的方便的产品又会如何呢？

比如当我们在听主要以音乐为主的CD时，购买收录在媒介录音时间（最大79分58秒）里的音乐作品，将其分类管理，播放时一张张地更换，这种行动非常普通。

但后来音乐作品可以通过电子文件夹在电脑上来管理，当这种方式普及之后，所有制约都顿时改变了。存档不受物理限制，即使是1万首以上的歌曲也能通过分类（整理）和搜索轻易找到。习惯了这种使用方式的电脑用户又可能会开始思索是否能在可携带的音乐机器上也实现这种环境。

虽然对于用户的想法只是推测，但基于顾客视角，从聚焦便利性的元认知思维出发的话，必然会得出这一结论。

在电脑上管理音乐文件夹的应用软件之一就是苹果公司的iTunes，能将iTunes携带外出的便携式音乐播放器则是iPod。iTunes和iPod进一步进化后，又给以往从音乐CD中读取而成的电子文件夹制造了能直接在线购买的环境（iTunes Music Store，也就是后来的iTunes Store）。

当这成为常态后，就培养出一批不习惯购买音乐CD的年轻人。至此，音乐鉴赏的方式就与CD时代截然不同了。虽然还及不上爱迪生创造留声机的程度，但也可以称之为音乐鉴赏的“再发明”了。值得一提的是，苹果公司非常擅长进行“再发明（reinvention）”，将电话“再发明”为iPhone也是他们的杰作。而iPhone也是深受iPod（touch）影响的产品。iPod加载通信机能，可以不依靠电脑来直接管理音乐文件和小型软件（Apps）等数据（也可以付款），在此基础上又“再发明”了能“通话”的设备的电话就是如今的iPhone。与其说是在电话上新增了其他功能，不如说是一系列连锁发明的延伸导致了新事物的诞生。

既然能像这样从元认知的角度提出满足需要的方案，那么就更能确信“还未出现的体验也许正是顾客想要的”。这也就是**通过市场营销3.0模式的元认知，从崭新的体验中发掘便利的产品和服务。**

此外，譬如Google和亚马逊等企业也很擅长这种基于蓝海战略型构想的开发。

■ 前所未有的便利性体验（蓝海战略）

●Google的措施

Google的伟大目标是搜集整理人类所使用的一切情报。为了提供网络搜索，它以其独有的程序搜集全世界网站的情报，据说在世界各地共有30万台以上的电脑为此运作。

Google的主要收入来源是显示搜索结果时的广告。这与一般的网络横条广告不同，是个人使用因特网进行搜索时出现相关广告（Adwords）。“让人感兴趣的情报的相关广告很难视而不见”“让人感兴趣的情报的相关广告会随手点击”。这一发现开拓了网络广告的新境界，从而带来莫大的收益。

此外，Google规定员工必须将工作时间的20%用来做自己喜欢的项目，也就是“20 percent time”这一规则。该规则带来了许多新服务，可以说也是蓝海战略型思维所引导出的成果。

●亚马逊的措施

亚马逊是总部位于华盛顿州西雅图的以书籍为中心的网购网站。在网上购物存在“看不到实物”的弊端，但亚马逊却通过加入“顾客评价”和“推荐”功能为此弊端做了补足。所谓评价，就是用户对商品以满分5分的方式进行打分。这样一来顾客不仅能了解出版社和作者，也能从读者视角了解市场反馈。参与评价的读者还能针对过去的评价是否值得参考来做出进一步评价，由此保证了评价本身的质量。

推荐功能则是从个人过去的购买历史等推测此人的兴趣和读书倾向，将他可能会感兴趣的商品以邮件或主页重点显示的方式进行推荐。通过这种方式，创造出更容易将被称作长尾(The Long Tail)的利基商品推荐给感兴趣的人的环境，从而可能创造出“前所未有的新销售额”。

■ 需求从“问题解决”型转为“追求乐趣”型

在市场营销3.0中，元认知非常重要。如果没有元认知，则无法在共享主观价值观的基础上构筑和理解世界观。不过目标是从零到正的世界，简单来说也就是“追求乐趣”的位面，在此位面下，往往很难得到固定答案。

比如要问不去迪士尼乐园有什么困扰的话，其实也并没有什么特别的困扰。

但从“想要找点乐趣”的心情出发的话，也许去迪士尼乐园能满足这方面。但通常来说，要满足一个想要找点乐趣却不知该做什么的人是很难的。快乐的状态因人而异，且因当时的心情而异。

所以当某个问题看起来并不大时，要应对它的难度却很高。

反过来说，问题解决型对于困难程度较高的问题，反而更容易明确目标，易于构造化，解决起来比较容易。至少能以客观方式将其具体化，切实地着手解决。

■ 针对“追求乐趣”的建议伴随着不确定性

将零变为正数，出现“提供一些小乐趣”的局面后，就进入艰难的状况了。此时这个人在怎样的状态下才算是开心的呢？“差不多”的状况是最暧昧的。

在这种时候，只能继续提供某种方案。虽然建议保持当时开心的状态的话，往往会得到否定的答案，但期间也有可能出现不错的发展。当到达可以提供这种发展的阶段时，该建议者就需要具备能具体推广的想象力和说服力。

将其变为可能，使其成为世界观（VISION），就需要将它作为元认知来重新认识和构筑。

进一步来说，要做出这方面的说明和建议，必须得是拥有能吸引人产生共鸣的能力与意识的人。这是无论信息技术发展得如何精密有人无法用机器替代的领域。简单来说，与未来和梦想有关的东西要由机械来传递是很难的。市场营销2.0的领域由于经常被机器取代，导致容易陷入价格战，而市场营销3.0的领域很难被机器取代，容易进入发挥人类想象力的蓝海领域，这也是显而易见的事实。

掌握顾客的“快乐状况”，将其以元认知构筑成“世界观”，并以此为基础具体地传递给顾客。

而这也伴随着极大的不确定性，在掌握时要认识到它是需要人类感性思维的市场营销。

■ 究竟能允许多大程度的不确定性

市场营销2.0有规则等客观基准，所以制造一个产品时要统一意见也很容易。

但在市场营销3.0的领域中，产品制造的流程需要企业与个人彼此配合参加并进行各种尝试，在这一过程中伴随着不确定性。简而言之，就是“我们不知道自己正前往何处”的状况。当必须面对这种方式时，习惯了市场营销2.0中以客观标准为基础设定目标的人也许会产生强烈的不安感。在极端情况下，还可能会因为不安而拒绝行动，但这可能是出于否定以往成功经验的心理，或是心中过于纠葛。

越是习惯于传统型市场营销的优秀管理者越是抗拒市场营销3.0的领域，或者说他们很可能不擅长这一新领域。

在市场营销3.0中，这方面也是其独有的难题。

■ 该如何在难度较高的3.0领域进行市场营销

像这样的流程是无法独自完成的，需要和认同自己的人一起合作，也就是所谓的**共同创造(Co-Creation)时代**。如今随着因特网的普及，这一事业更容易实现了。此外，由于推特和脸书等社交媒介的登场，也加速了人们彼此间的反馈。

■ 从企业构筑的品牌化到顾客的主观评价、开放性的开发、自由共享情报的流程

如果从客观标准无法得知自己真正想要的东西的话，在这种状况下可以重视“亲近之人的推荐”或“有共鸣的人的评价”等亲密存在和相似眼光的人的意见。

比如从客观轴出发被认为是同类商品的产品，在顾客的评价方面也可能会有极大不同。这种情况表示该商品所带来的东西属于主观价值观，懂的人自然懂，所以对于目标人群而言这是非常重要的（对主观评价的重视）。

■ SNS等信誉因素更为重要

以前只能通过身边人的评价和能产生共鸣的名人的私人分享（间接性推荐）来搜集的“主观评价”，如今已经可以通过社交网络来更为紧密地掌握，并且自己的评价也能影响网络上的其他人。

以互相之间的反馈来强化评价的SNS等网络空间让企业信息的影响力变得比以往更小，让企业也只被视作网络上的一员。

在此背景下，进行单方面的“情报发送”只会让人兴趣缺欠。如果企业单方面发送情报却无法实现“价值观共享”的话，只会被顾客当做噪音而已。想要对方接受自己的讯息，以“价值观共享”为基础的交流的必要条件。在这种意义上来说，以SNS为首的网站（平台）正是市场营销3.0模式最易于运作（加速）的地方。

随着市场营销的环境逐渐向3.0的方向发展，市场营销本身也逐渐向交流场所的相互作用靠近，这一事实之前已经做了说明。当前的消费模式已经变成了众人一起购买同样的东西，或是一起寻找想要的东西，找不到的话则一起创造。

4.作为“we”的集合体的分区

以往的市场营销2.0通常是从I（企业）对you（顾客）的对立轴出发制定对策，以地域、年龄、性别等进行分区。从极端论点来看，就是依照己方（企业）喜好来有效划分对手（顾客）的思维方式。

如果以市场营销3.0的相互反馈为前提的话，就不再是I（企业）对you（顾客）的思维方式，而是将“we”（共享价值观和过程的人）看做一个集体，这也就是“市场营销3.0模式的分区”。而这种分区也包括了企业本身，因此需要我们进行巨大的思维转换。

■ Coworking（协作）的“we”（积极参与的消费者）

在新分区中的“we”里，**要降低“是企业还是顾客”这一区别的优先顺序。**

简单来说，we就是①认真思考某个价值观，②考虑为实现这一价值观应该怎么做，最后③考虑（企业/顾客）能为我们带来什么。所以首先要优先考虑实现共通的价值观，其次是作为企业的我和作为顾客的我（某些情况下还包括竞争企业）相互协作催生成果。

■ 星巴克的措施

星巴克咖啡店凭借其醇香的咖啡，舒适而时髦的店面，以及体贴的服务而备受欢迎。能随意购买的小点心，能利用脸书上的礼物功能“Give a gift”，能使用店内wifi，能记录喜爱商品的卡片等，各种充满魅力的商品和服务吸引了不少粉丝，但事实上，这些商品和服务都是来自于名为“My starbucks Idea”的粉丝交流投稿。

2008年，星巴克陷入业绩不振的困境中，在美国共有8%，也就是6000家店铺关门，全世界共有7%的1万2000名员工被解雇。

再次担任CEO的霍华德·舒尔茨反省后认为，是过于昂贵的企业商品和服务导致顾客流失。于是他提出：

“重新夺回顾客的心。”

“建立富于创造性的基盘。”

以此为中心，他指出了7点战略性方向。尤其是在市场营销的观点中重点提出名为My starbucks Idea的在线交流系统。My starbucks Idea的功能大致分为如下3点。

GOT AN IDEA（投稿建议）

VIEW IDEAS（浏览投稿的建议）

IDEAS IN ACTION（实施建议）

在“GOT AN IDEA”中，顾客可以发表自己的建议，在“VIEW IDEAS”中，可以阅览别人的建议，并且可以对建议进行投票，最后在“IDEAS IN ACTION”中，了解由星巴克实施过的事例。

霍华德·舒尔茨宣布：“不依靠折扣券，我们星巴克与顾客您一起——从咖啡到回收利用——交换彼此的意见，倾听顾客的声音，跟随顾客的脚步，让您得到更好的享受”，并利用脸书和推特等社交媒体，与顾客之间形成了更牢固的羁绊。

之后，My starbucks Idea不仅为咖啡、蛋糕等饮食提供了产品建议，还对店铺气氛、支付方式、与店员的交流等提供了感受性建议，甚至扩展到对于地域社会的关系性提供关联性建议。通过网络交流，星巴克不仅和粉丝一起对产品和店铺进行改善，更进一步加强了与地域社会之类的联系。

这可谓是Coworking（协作）的范本型措施。

■ 歌帝梵（GODIVA）的措施

歌帝梵公司也曾经历过在雷曼冲击的影响下陷入低迷，高级巧克力销售额不甚理想的困境，于是重新以新时代的眼光审视企业定位和存在意义，以此开拓市场。

歌帝梵公司有一款名为Gems的商品。这是在雷曼冲击造成的不景气之后，有针对性开发的产品。拥有80余年历史的歌帝梵作为高级巧克力的代名词已经拥有了稳固的地位，但也正因为是高级品牌，才更容易受世界经济衰退的影响。因此，企业突破以往常规，开发出了由彩色包装纸单独包装，能让更多人轻松享用的“Gems”。

当然，该商品的开发也确实有可能带来“损害品牌价值”的危险。高级品牌的推广通常伴随着降低品牌价值的风险。因此歌帝梵与其巧克力粉丝和企业粉丝共600余人进行了细致地交流（利用MROC这一市场调查手法），在不损害“歌帝梵风格”的前提下完成了产品开发，使其依旧拥有奢侈感，同时在价格方面更加平易近人（店面价格4.99~9.99美元）。

即使非特殊日子也能买给自己或者轻松地与朋友分享，这无异于创造了一个崭新的优质巧克力市场。自从2009年9月投入市场以来，在1年之内就成为了占歌帝梵整体销售额10%的畅销品。仅在北美的杂货店与便利店销售的Gems却实现了比上一年销售额高42%的惊人增长。并且更重要的是，这一举措吸引了更多歌帝梵爱好者。

■ 耐克的措施

耐克的品牌认知度消费层不仅限于运动员，在一般顾客中也很受欢迎。它的主力产品运动鞋除了追求耐久性、舒适性和设计性等品质之外，还持续追求其附加价值。比如让远距离耐克粉丝之间共享跑步这一体验。

在市场营销2.0的世界观中，耐克致力于向特定细分市场提供最合适的鞋子。这当然是非常正确的方向，但从市场营销3.0的观点出发，用户使用鞋子时逐渐开始思考“想用鞋子做什么，达成什么”。

于是“Nike+”这一产品应运而生。耐克公司与苹果公司合作，在Nike+的对应鞋型中加入传感器，通过连接iPad和iPhone来反馈行走时间、距离、节奏和所耗卡路里等情报。如今个人数据能储存在网上的云数据库中，并与加入了Nike+的交流系统的成员进行比较和竞争。

该产品的诞生背景是出自耐克的“用数码化数据丰富奔跑体验”这一构思。当时的耐克CEO马克·帕克立刻给朋友，也就是苹果公司的乔布斯打了电话，从此开始了耐克与苹果公司的合作。

如今Nike+不仅是单纯的产品，更是在线交流系统的侧面强化。这一交流系统的注册人数在全世界已达数百万人，通过彼此评价、反馈来维持对运动的热情。

耐克跨越业界的桎梏，实现协同合作，成功为顾客提供了前所未有的共享跑步体验这一新的价值。

■ 创业之初能进行各种尝试的发达环境

以便于小规模转移的分区为对象立即开始商业活动，这种状况如今已经能够实现了。只要创意有趣，就能吸取各种小额资金。此外，在产品开发方面，即使自己不花费固定费用，也能利用平台等方式筹款。各种无需前期投资的模式日益增多，创业多样性增加，且今后还会更加百花齐放。

比如廉价3D打印机的出现使个人制造也成为了可能。

3D打印机和用打印机印刷一样，会按照设计图单个生产（树脂 · 金属制等）立体物品。这种机械虽然便利，但偏向于兴趣性，目前的生产系统无法实现最多限度的批量生产。但即使是这种产品也让轻松制作成为了可能。

以往自己亲手制作想要的东西与邻居或友人分享的做法在3D打印机和社交软件登场后，其范围得到了进一步扩大。

从前，大企业通过量产来抑制价格，同时也需要将大量生产的商品卖给尽可能多的人。大企业的决策和决定系统自然是适合做出这种大型决定，然后再投入生产销售的。

换言之，如果没有某种程度的客观规模计算，制造商是不可能投入生产的。此外，在销售方面，比如要确保销售渠道和推广，也必须保证某种程度的产品数量。

不过，**适合做这种决定的决策系统的优点是在面对新局面时能抵抗一定的障碍。**

■ 效率性与“热情”的两全

要满足越来越难以捉摸的顾客主观价值观并对此提供各种建议，其秘诀不是什么魔法般的妙招，而是制造商也保持同样的价值观，将自己也会感到快乐的体验与“同伴”共享，让大家一起感受快乐和惊喜，并且在做到这一点后自身也能品尝喜悦之情，形成良性循环。这不仅能带来效率性，更能进一步加速其效率。

在重视效率性的同时，依旧保持“热情”，在制作新产品时提出个人的快乐体验。最终结果则取决于是否实事求是地进行了实践。

如果没有实事求是的话，那么在“we”领域中，无论编制如何华美的辞藻，早晚也会被相关人士看破。在以主观价值观的满足感为目标的环境中，顾客对此极为敏感，一旦发现企业提供的是如此“廉价”的东西，反而会对产生强烈的不信任感。

“廉价”绝不可取，重要的是“热情”。将传统市场营销观点教条化的人或决策系统也许会让这两点看起来相似，但从新的市场营销3.0观点出发，这却是能左右企业未来的重大不同。

反过来说，是否拥有这份感性，也正是传统与新时代的市场营销的分界点。

■ 掌握小型化，不确定化市场

那么，小型且便于转移，难以在客观轴上呈现的市场营销

3.0分区将如何实现可视化并订立目标呢？

这方面的问题及其针对性措施的摸索正是现代市场营销的潮流。因此，用新的资料挖掘方法和统计处理进行分析将逐渐成为今后的主流。

■ 针对市场调查、数据分析的更新

如今最重要的是个人或集团的心理动态。比如“我想吃这个”这句话能在拥有相同主观价值观的人之间传播，或者是通过传播来构建一个共享该主观价值观的集体。现在可以凭借数据解析掌握该东西，对接下来的行动作出预测。除了“语言传播”以外，还能通过购买履历，搜索历史，社交网络，元数据等各种数据来掌握顾客动态。

■ “大数据”这一矿脉

随着各种数据在网络上急速膨胀，针对这种“大数据”的解析也将很快改变企业的经营战略。

对于需求量巨大的企业来说，这当然是有用的，但利用大数据只有在市场营销3.0的状况下才能发挥出威力。因此在市场营销调查的观点中，针对主观价值的某种程度的客观价值型方法有可能开辟新的道路，这也是划时代的改变。

下一章的主题将介绍市场营销调查的基础和更新。

第8章

市场营销调查手法的更新

1.市场营销调查的目的

在进行市场营销时，市场调查是必不可缺的。市场营销调查的手法多种多样，这在稍后会做说明，现在先来确认它的目的。

例如，在开发新商品时，需要考虑该需求的大小。这种商品最终是否能被大多数人接受，或者是否能得到更多的人支持，这一预测的结论仅凭个人直觉或想象是很难有说服力的。

虽然数据并不是一切，但如果没有数据分析作为某种程度的依据，也很难做出市场营销决策。并且如果没有客观论据，也很难说服对方。

总而言之，没有进行准确调查的市场营销是不成立的。

不过这里有个被许多人误解的地方，所以补充说明一下，即使是进行数据分析已经完美的市场营销，要问是否一定会成功的话，答案也是NO。市场营销调查只是参考资料，无论该参考资料的精确度如何，它本身都与决策是否成功无关。

市场营销调查的目的是“为该市场营销提供参考价值”，因此它也是必要的。

市场营销调查共有两个步骤。即“做出某种假设”和“验证该假设”。

■ 为“构筑假设”而进行市场营销调查

在做某个新商品开发时，仅凭“前所未有”这一理由，恐怕不会有多少人贸然地进行设计。首先要考虑会有多大的顾客需求，或者“这么做能产生多大的需求”。这就是“做出市场营销式假设”。

构筑假设的市场调查一般会针对广泛受众。比如“想要掌握汽车市场目前的潮流”，那么就要涉及无数车型和地区，仅从销售量着手调查所需的细分和组合数据都十分庞大。此外，如果考虑购买者的属性的话，必须考虑年龄是否有效，性别如何，职业是什么，年收入多少，家族构成状态以及生活方式怎么样等各种因素。

构筑市场需求的假设，离不开根据市场营销调查。

图表22 ◆ 做出市场营销战略决策时必需的情报

市场营销流程	必要的情报
发现市场机会	消费者需求和不满、价值观、生活方式、购买动机、购买及使用状态、顾客满意度、继续购买意向、企业印象、品牌、市场规模与成长性、市场份额、竞争企业及产品
分区目标	分区的特性、用户及简介
定位	企业印象、本公司产品及竞争企业定位
产品战略	产品理念、产品功能（方法）、设计、品质、性价比、命名、包装相关评价。
价格战略	价格的合理性、容许水准、竞争价格
流通战略	商圈、布局条件、卖场状况、渠道需求和反馈
交流战略	广告理念、信息好感度、市场浸透度、广告及推广效果

所以也可以选择尽早放弃无意义的分区，集中针对特定领域

进行市场调查。例如新技术动向及其应用领域的影响这类调查，采用这种方法会更为轻松有效。

不过，也有只能广泛撒网才能捕捉其动向的情况。例如要掌握消费者的喜好动向，如果不进一步考虑世界的各种变化所带来的影响的话，就很难抓住重点。

应该在多大范围能进行市场调查，应该调查哪些部分，这些处理的分寸本身就会对构筑假设带来极大影响。

■ “验证假设”的市场营销调查

那么验证所提出假设时的市场调查又如何呢？它基本上就是解析已有数据的典型例子。

比如是否能售出假设时预估数量的产品，或者是否是设想的（细分）人群（目标）在购买产品，这些都可以通过解读大量数据和问卷来进行验证调查。

图表23 ◆ 常用分析手法

相关分析	调查变数之间的相关关系的手法。比如调查随着气温变化啤酒销量是否会提高等。
因子分析	创建相关关系的强烈变数集合，寻找各自共通特性的手法。用于进行分区和定位时。
连缀分析	从不同性质的东西混在一起的变数中创造并分类，类似性较高的集团的手法。
通信分析	利用调查多个变数间的类似度和关系深度的手法，将结果用点状图来表示。
联合分析	提出各种产品属性的组合代替方案，给回答者分级，分析其选择的手法。用于调查产品的价值、颜色、设计、品质等属性会多大程度上影响顾客选择时。
（重）回归分析	将多个变数间的关系用X词方程式表示，再分析导致结果变数（从属变数）主因的变数（说明变数）所带来影响究竟有多大的手法。常用于从价格、广告费、营业担当人数（说明变数）中预测和评价销售数量（从属变数）的变化时。

这时根据需要出现了各种数据解析技巧。例如调查两个项目间有多大程度的关联性（相关分析），假设某种因素会造成影响时评价它的影响究竟到什么程度（回归分析），评价多个变数之间的关系性（多变量分析）等都很常用。此外还有各种分析，但大多都是“会产生什么影响”“有多大影响”这类基础推测，因此即使手法和运用各式各样，但只要掌握其根本就能理解了。

另一个重点则是在验证的各种分析中，通常（从原理上来说）都不知道最终“是否如此”，所以只能从概率上进行推测，其精确度依赖于数据量，数据量（样本数）越多则精确度越高，也更具参考价值。如果没有这种意识的话，恐怕会对数据和分析结果产生困惑，因此需要多加注意。

■ 定量数据分析和定性数据分析

所谓定量数据就是指数值化后的数据。掌握数量（多/少），追踪其变化（增/减），能得到各种数据。

此外，**也有难以数量化，只能以其内容本身为数据的情况，我们将其称作定性数据。定性的性含有“性质”的意思。**比如问卷调查的自由回答栏，“很帅”“有兴趣”“好像不适合我”等感想就是典型例子。虽然也不是可能实现数值化，但这种信息性的东西很难从数值上来掌握。

定量数据比较倾向于功能等方面的比较。例如，如果有“燃料消费率每30公里1升”“比旧款提高了5%燃料消费率”等数据的话，就能与其他公司产品和开发环境进行比较。另外，在市场营销2.0领域尤其便于做效果测定，利于制定具体对策。

另一方面，定性数据则多是情绪性情报。与定量数据的“数量多/数量少”这类数据相反，定性数据通常是“喜欢/讨厌”“美/丑”这种不同的个人感想，即使评估平均值之类强行定量化也毫无意义，也很难统一综合性处理。

越接近市场营销3.0的脉络，定性数据的有用性就越高。但是基于定性数据的运用难度很大（比如能做不同意思的解释）。这部分与2.0相比，3.0更带有“不确定性”因素。只是我们不用只注意定性数据，而是要考虑如何让定量与定性之间取得良好的平衡，从而更好地利用于市场营销中。

2.市场营销调查的新潮流

了解了定量数据与定性数据之后，现在让我们来看构筑假设和验证假设这两方面的内容。这也是市场营销调查的基本概略。

区分构筑假设和验证假设的市场调查方法在B与C领域，也就是市场营销2.0领域中是极其有效的手法。市场调查领域和市场调查对象更为明确能便于问卷调查项目的定型，利用一定的解析方法能更简单地摸清大致倾向，用于商品化（量产化商品）的分析。

不过最近却开始盛行不区分构筑假设和验证假设，让两方同时进行的方法。由于在市场营销3.0的逻辑中，传统手法容易遇到障碍，因此最近开发了全新手法，即不做区分，设定更利于取得定性数据的市场调查环境，并给反馈的效果等增加动态性认知的影响。

■ 大数据解析（定量数据分析的新潮流）

在此背景下，首先要面对的就是可以进行解析的数据量的暴涨。最直接的例子就是通过利用因特网的云服务等获得的巨大数据（大数据），推算出精确度较高的普遍倾向或带有各种附加条件的倾向（交叉合计等）。

另外还有所谓的“AB测试”手法。比如将登陆者以奇偶数番号区分开来，测试屏幕设计的改变究竟哪一种在市场营销方面更有效（随机抽样法比较试验）。当数据达到数千、数万规模时，就能精确且实时分析究竟哪种屏幕设计会改变消费行动。

此外，对于企业来说，如今也有了更多的数据使用方法可供选择。比如是追求一般的有效设计还是为个人提供定制化服务。也可以随着服务的运营，实验性地更改各条并行前进的路线，有必要时随时进行修正。随着这种交互式方法的盛行，显然如今的环境已经比传统的问卷调查式前进了一大步。至少它已经成为了企业协作的强有力后盾。

■ 文本挖掘（定性数据分析的新潮流）

随着全世界所流通的一般消费者情报量呈指数性增加，新的“信息传播”也会给消费者的购买行动带来莫大的影响。尤其是在因特网上传播的“在线信息传播”也变得越发重要了。

譬如还有利用消费者在推特上的感谢等进行市场营销的手法。只要有某个商品的名称等，就能对词句进行解析，分析消费者的深层心理，也就是说我的文本挖掘法（形态因素分析等）。其延伸发展也许有可能在D领域探索出前所未有的东西。并且如果将研究者智囊团和个人也作为企业通知活动的对象的话，就能从元视角进行宏观考虑，从而营造出能对大规模且广泛的交互作用进行分析和开发的环境。从这个意义上来说，消费者与企业在同一领域处于平等关系，这也更为接近市场营销3.0的环境。

■ 观察性手法

所谓“行动观察手法”，是指通过在销售现场等地从广泛视角观察人的行动，以心理学、社会学、认知科学等角度为基础进行各种分析，使其深层含义浮出水面的方法。这种手法大约从10年前开始，如今越来越盛行了。

MROC（Market Research Online Community）这种调查手法就是代表性例子。为了得到商品和交流的建议以及灵感而利用网络交流平台，以此给企业和参加者构筑一个封闭的交流系统，进行更长期（1月~1年）的调查。

像这样的在线调查能将参与者的发言可视化，由于在这种状态下的调查时间很长，所以能反复构筑或验证假设。此外，由于参与者能轻松进行在线对话，有时也能通过观察这些行为获得新产品的灵感。但由于网络在线无法观察参与者的表情，所以如果遇到无法忽视该影响的情况，则可以通过定期进行面对面访谈来做补充，也有可能实现完成度较高的市场调查。

■ SNS等社交媒体的影响

最近在日本频繁听到三重媒体（triple media）这一词汇。所谓三重媒体包括付费媒体、自有媒体和赚得媒体三大方面。这是由2009年美国IT情报网站介绍的题为“多重媒体2.0”的论文所提出的概念。

付费媒体就是指传统型广告。典型代表就是制造商通过广告代理商等中介做电视广告等四大广告（电视、广播、报纸、杂志）。自有媒体是企业所运营的媒体，比如公司主页或电子杂志。赚得媒体则是利用社会媒体，为顾客与企提供平等的（在线网络）交互平台。

1990年之前，企业的宣传广告基本都是以付费媒体为主流。之后由于因特网的普及，绝大部分企业都开始拥有自有媒体，并且随着以脸书为中心的社交媒体的发展，赚得媒体也开始兴盛起来。

付费媒体被用于宣传告知，自有媒体用于加深理解促进共鸣，赚得媒体则是与顾客取得共鸣，进一步加深与企业间的合作，共同创造产品。企业会混合性或综合性采用这3大媒体，以做出最合适的广告，构筑与顾客之间的关系。

2010年之后，该3大媒体的分界线开始变得更为模糊，从信息不对等的单方面广告时代逐渐向彼此对话的平等关系时代转移。

■ 元数据分析（交流的构造分析）

与文本挖掘是完全不同，元数据分析的方式不仅仅只看内容含义，更要分析交流平台和频率和数量等。按照“和谁多少次，多久”这一构造进行数值化（元数据），从而判断该项目能否进展顺利，或是有很大的失败风险。不过虽然以网络为首的信息技术发达，其可视化程度和数据精确度提高，但最近不仅限于虚拟空间，能将现实空间（比如企业内部会议等）数值化并进行测算的机器也开始登场了。

■ 认知行动模式的新发展（行动经济学、神经市场营销学）

人们在购物时，基本上不会突然购买完全不了解的东西。通常情况下，顾客是先知道某个东西的存在（认知），进一步了解后产生兴趣，然后进行尝试或比较再购买。从认知到购买直接大致会经过4~6个步骤（以AIDMA为出发点的认知行动模式）。

这些多种多样认知行动模式正在逐渐被科学实践所证明和解释。比如巧妙地设计经济学实验，实际验证人类的购买行动原理和认知偏差的研究领域备受关注（行动经济学）。

此外，这些实证不仅限于经济学实验，还进一步使用能测定脑部状态的机器（fMRI等）计算消费者的诉求（包括某种倾向是否比较高，或者是否有可能性），然后直接开发顾客大脑诉求的商品（包括包装、广告表现等）。这种被称作神经市场营销学的手法能通过各种机器的高性能化和低成本化进一步得到推广实验。在直接分析认知行动的领域中，伴随着模式构筑和实证研究及应用的发展正在加速中，各种成果值得期待。

■ 数据与市场营销，其关系的重要性和将来性

市场调查和市场营销今后将伴随着更为科学的方法进一步发展，这种趋势不可回避。

如果将来你成为营销管理者，那么实时掌握这一动向将是重中之重。

后 记

本书尽可能简明且详尽地解说了MBA所教授的市场营销精华，不知读者的感觉如何？

市场营销即使在MBA的科目中也属于“百花齐放”的极具多样性和广泛性的领域。其应用领域非常广泛，并且很容易受时代变化的影响。

比如将商品定义成生产物资还是消费品，或者是服务呢，其重视的要点也会有很大的不同。如果属于消费品的话，随着消费者行动的时代变化，分析手法、措施也会有巨大的改变。

试着考虑交流方式的话，发现其手段也很多样化。以往的大众传媒型广告属于非常单方面的交流，但随着因特网的发展，尤其是以社交媒体为首的交流空间的丰富，如今已经能轻易得到顾客感想和反馈了。

当消费者处于这种环境时，市场营销当然也会受到影响。随着世界交流环境的变化，崭新的市场营销论点不断出现，自然而然地呈现出百花齐放的局面。

要将如此难以划定为种类的市场营销以一定规律感和总结感集结成册作为入门书籍，最初曾遭遇过远超想象的挫折。是否要将传统型惯例与最新事例类比分析，或者是否要割爱预定的大部分内容，这种抉择发生过无数次。由于执笔了一年有余，所以涉及最新领域的后半部分都是以月或周为单位，重新制订计划紧急修稿。这让我又一次切身感受到市场营销这一科目宛如“活物”。

不过当置身于这种变化中时，反而往往会更强烈地意识到无论表层如何变化，某种“骨骼”性的东西是永远不变的。时代变迁，技术变化，商品特性改变，消费者的价值观更替都是必然，但市场营销的精华却贯彻始终不会改变。我们整个团队的成员正是一边讨论能证明这一点的实力一边逐步编纂本书。

一边随时回顾市场营销的精华，一边平实地解说其发展的必然性。采用这种方式能将百花齐放的各个分区划分开来，更为概括性和实用性地解说市场营销理论，这是为了让身为总经理的读者们能尽可能容易地进行应用。

无论是传统还是最新的市场营销，都需要在理解其必然性的同时恰到好处地运用它。如果本书能担负起成为读者掌握这些基础和基本的优先选择（第一手段和最佳手段）的话，是我无上的荣幸。

作为《顾彼思MBA集中讲义》系列的第5讲，本书在制作过程中同样得到了多方面的协作。尤其是PHP研究所的池口详司先生为本书的完成提供了各种宝贵意见。在此对相关各位与看完本书的读者们致以诚挚的谢意。

希望本书能被有志于此的商务人士采纳，偶尔参考其内容，帮助制定和应用更好的市场营销战略，让各位读者能更好地活跃于商业界中。